ゆるく生きれば楽になる

60歳からのテキトー生活

和田秀樹
Wada Hideki

河出新書
071

まえがき

日本という国に生きてきて、つくづく思うのは、自分にも人にも厳しい人が多いことです。

もちろん、自分に厳しく、ストイックに生きてきて、成功することもあるでしょう。そして、そういう人の成功は美談として語られます。

「自分はまだまだ」と思う人も多いでしょう。逆に手を抜いたり、楽をすることが悪いことのように思っている人も多いようです。

私は、40年近く前に『受験は要領』という本を出してベストセラーになりました。

数学の問題ができないのなら、さっさと答えを見てそれを覚えたほうが点になるとか、理科の実験は疲れるだけだから昼寝タイムに充《あ》てろとか、過激なことを書いて、教師や教育関係者から大ひんしゅくを買いました。

ところが、私のことをボロクソに書いていた教育評論家の人たちの本を10年くらい前からすっかり見なくなりました。まだ生きていて全然おかしくない年齢なので、ひとつ思ったのは、彼らはうつ病のようになったのではないかということです。

同じ結果を出すなら、少しでも楽なやり方でやったほうが心身が潰れなくていいというのが、40年近く精神科医をやってきたうえでの結論なのですが、それは自分に厳しく、苦しいやり方を選んでしまう人たちが、うつ病などになって潰れていくさまを見てきたからです。

そして、患者さんにいつも言うのは、「もっとゆるく生きられるようになればいいのにね」というようなことです。

私は、高齢者を専門にする精神科医なので、この「ゆるく生きる」というのが、若い人以上に年をとるほど重要になることも実感しています。

若い頃であれば、自分に厳しく、仕事が終わるまで帰らないとか、どんなことにも手を抜かないという生き方が適応的であるかはともかくとして、体力的に耐えられる人も少なくない（もちろん、潰れる人もたくさんいます）のでしょうが、40歳以降ともなると体力的についていけなくなるし、高齢期にもなると事実上不可能になります。

さすがに、仕事などでは、「もう年なんだから」と手を抜けるようになることもあるでしょうが、今度は健康面でゆるく考えられない人は少なくありません。

血圧や血糖値、コレステロール値、ＢＭＩ（体格指数）などが、少しでも正常を超えると、全部正常にしないといけないと焦り、薬を飲み、食事なども医者の指示に従います。

長年、高齢者向けの医者をやっていると、年をとれば血圧や血糖値が上がる人のほうが多いことも、そういう人が意外に元気であることも経験します。

あまり、健康に気を遣いすぎると、ストレスになって、それが免疫機能を下げて、ガンになったり、肺炎になりやすくなるのではと心配までしてしまいます。
もうひとつの問題は、自分に厳しい人は、人にも厳しくなりがちだということです。

前述の例で行くと、数学を自分で解こうとせずにさっさと答えを見て覚えてしまうということについて、「そういうズル」はできないと思って、自分ではやらないのは、ある種の自己決定ですから、私は「損」だとは思いますが、責める気にはなりません。

でも、こういう人は、このやり方でいい点を取っている人まで許せなくなってしまうことが往々にしてあります。あるいは、その著者まで攻撃するのです。

多少配偶者に不満があっても、真面目に浮気もせずに夫婦生活を送ることは立派なことですが、テレビで不倫が報じられたら怒り狂うというのも、自分に厳しいがゆえに、人に寛容になれないということでしょう。

ただ、往々にしてそれが人間関係を壊すことも事実です。

高齢になれば、新たに人間関係を作っていかないといけませんが、それはみんなに合わさないといけないということでなく、よけいな押し付けを人にしないことが大切です。そうしているうちに人間関係が少しずつ増えていくからです。

ゆるく生きることとは、高齢になってから元気で豊かに暮らせるための秘訣なのです。たとえば定年というのは、労働の義務や人間関係の縛りから解放されることです。前よりずっとゆるく生きる権利を与えられるようなものです。せっかくなのですから、ちょっとゆるく生きてみようと思ってほしいのです。

とはいえ、これまで生真面目に生きてきた人がゆるく生きようといわれてもとまどうことが多いかもしれません。そこで、本書では、そのきっかけになるヒントを書いてみました。

「あ、そうか」と思うことがあれば生活に取り入れてほしいのです。

本書を通じて、少しでもゆるく生きてもらえれば著者として幸甚この上ありません。

目次

第2章　ゆるく楽しく生きる秘訣

第3章 いい人をやめる勇気

第4章　健康をゆるく考える

第5章 老後をゆるく考える

第1章

年をとったからこそゆるく生きる

人生後半戦を自由に生きるために

　これまで頑張って生きてきて、人生もすっかり後半戦に入ったと自覚する年齢になると、さて、この後どうやって生きていこうかと考えるようになります。この先の未来を考えると、不安や生きづらさを感じることもあるのではないでしょうか。

　高度成長期からバブル時代を経験してきた世代には、自分を厳しく律して、頑張り続けることで成果が得られるという考え方が身についているかもしれません。

　けれども、この先いずれ迎える老後について考えるとき、もう体力もなくなってきたし、熱量も減ってきたし、どうやって乗り越えていこうかと自信をなくしてしまうのではないでしょうか。

　本来、老後へと向かうこれからの人生は、楽しく自分らしく生きることのできる時間です。では、これからの人生を楽しく、充実して過ごすためには何が必要なのでしょうか。それは、「ゆるく生きる」ことであると私は強く思うのです。

60代以降は、社会のしがらみや呪縛から離れて、本当に自分らしい人生を楽しめる時期です。「こうするべき」「こうあるべき」と自分を縛る考え方を手放して、もっと心身とも自由になることで、新しい未来が開けるはずです。

さあ、心も体もゆるめて、楽に、楽しく生きるためにはどうしたらいいのか、一緒に考えてみましょう。

勉強だけでは許されない時代に生まれて

私は1960年生まれです。10年ほど上には、非常にエネルギーに満ちた団塊の世代がいました。彼らは人数が多いこともあって競争意識が高く、「受験戦争」という言葉も彼らが大学受験を迎える1960年代に生まれたものです。

当時の大学進学率はまだ低く、１９６５年でわずか17％でした。受験勉強の過酷さは「四当五落」、つまり睡眠時間を４時間にまで削れば合格できるけれど、５時間も寝ているなら合格できないと言われ、事実、睡眠時間を削るように指導する学校もあったほどです。

けれども逆に言えば、勉強さえできればいい、他のことは多少できなくても許されるという風潮があったものです。

そして、我々の世代になると少しずつ子どもの数が減り始め、受験戦争の厳しさはやや穏やかになってきました。けれども今度は「勉強ができるのはもちろんだけれどそれだけではいけない」「スポーツも頑張らなくてはいけない」「性格もよくなくてはいけない」「友達もたくさん作らなくてはいけない」と、それはそれで要求の多い、厳しい世の中になっていました。

私たちの世代は子どもの頃からそんなプレッシャーを受けて、一生懸命、勉強にスポーツに友達作りに励んできたのです。

自分に厳しくするのはやめてゆるい自分になろう

そんなふうに生きてきたからか、我々の世代には自分に厳しくすること、自分を律する人が立派だという考え方が根づいています。あらゆることに気を配るのが正しくて、雑に生きるのはよくないという考え方が蔓延しているように感じます。おそらく、日本人はそれを誇りに思っている人が多いのでしょう。

そして、いろいろな制約を自分に課しています。たとえば、親がボケ始めたら子どもが在宅で介護しなくてはいけない、子どもが引きこもってしまったら世間様に顔向けができないからずっと家で面倒を見ないといけない。あるいは、いくつになっても健康でなくてはいけない、そのために健康診断の数値はみな正常範囲に入るように努力しなくてはいけない。そんなふうに、とてもすべてを叶えるのは不可能なほどの無理難題を自分に課して、それを素直に受け入れてコツコツ努力しているのです。

年をとってなお、そうして自分に厳しくしながら生きていくのは苦しいことではないでしょうか。今はまだ問題ないかもしれませんが、これからさらに年をとれば、さらに苦しくなってしまうでしょう。ですから、そんな不必要な厳しさからは自由になろうと言いたいのです。それが、「ゆるく生きる」ということです。

幸い、定年が近づけば昇進のためにあれもこれも我慢しなくてはいけないということもなくなってきます。退職すれば、会社の名前を背負っているのだから迷惑をかけるような行動はできないという縛りからも解放されます。

他人の目を気にする機会も少なくなり、ありとあらゆる面でいい人でいなくてはならないという呪縛から自由になることができるでしょう。

苦手なことを克服しようと頑張るより前に、素直に苦手だと認めてあきらめ、できることだけやればいい、自分の好きなことだけをしようという考えで毎日を過ごしていいのです。

たとえば、将来ボケたら人に迷惑をかけるから、なるべくボケないように今から備えておこうと頑張っている人もいるかもしれません。けれども、人間誰しも年をとればボケます。程度の差はあっても、誰ひとり例外なくボケます。ボケてはいけないと思うより、できるだけ明るくボケたい、可愛くボケるのも悪くないのではないかと思えるようになればいいのです。

ボケてもいいからうつにはなりたくない

年齢とともに、さまざまな能力が低下します。

それまであたりまえにできていたことも、少しずつできなくなっていきます。こうしなくてはいけないと自分を厳しく律して、それまではなんとかこなしていたことも、だんだん難しくなってきます。そうなるとどんどん自分を責めてしまい、それがうつ病の原因になってしまうこともあります。

認知症になることを恐れている人は多いのですが、認知症は考え方によってはそれほど怖い病気ではありません。いいボケ方さえすれば、皆が幸せになれるものです。

けれども、うつ病はそうはいきません。来る日も来る日も暗くてつらい日々がやってきて、しかもそれが死ぬまでずっと続くこともあるのです。

60代、70代になるとうつ病になる人が増えていきます。65歳以下でうつ病にかかる割合は約3％と言われていますが、65歳を超えると5％に上がります。私自身、長年の臨床経験で、60代頃から心の問題が起こりやすくなると感じています。

うつ状態になりやすい思考パターンの代表的なものに「かくあるべし思考」と「二分割思考」があります。かくあるべし思考はその名の通り、こうしなくてはいけない、こうでなくてはいけないと厳しく思い込み、それが叶わないと絶望して、自分を責めたり、他人を責めたりしてしまうものです。

二分割思考とは、人や事柄を白か黒かのように2つに分ける考え方です。たとえば「正義と悪」「敵と味方」「善意と悪意」のようにすべてをどちらかに分類します。けれども、実際にはほとんどすべてのものはいいところもあれば悪いところもあり、○か×かできっぱり答えを出せるものではありません。

年齢とともにだんだん思い込みが激しくなったり、頑固になって過ちを認めなくなったり、思考の転換が難しくなったりして、こうした厳しい考え方に陥ってしまいがちです。以前と同じように生活しているつもりでも、うつ病になってしまうリスクがあるのです。

うつ病はもちろん、どの世代にとっても苦しいものですが、年をとってから発症するとなかなか回復しにくくなります。うつ病にまで至らなくても、いつも苦しい、楽しくない、毎日が暗くて不安でいっぱいという状態になってしまいかねません。

だからこその「ゆるい生き方のすすめ」です。あれをしてはいけない、これをしなくてはいけないと自分を縛るのはやめて、「まあいいか」とゆるくおおらかに生きることで楽になって、楽しく元気に長生きをしたほうがいいとは思いませんか。

行列を見るとなぜ並びたくなるのか

日本人はとくに「自分に厳しくなくてはいけない」「自分を律する人が立派」という考え方が身についているようです。それを誇りに思っていて、手を抜くとか、雑に生きるということはあってはいけないという風潮があるかもしれません。確かに、それが日本人の長所になっているのも事実です。

たとえば電車やバスに乗るとき、いち早く乗ろうと一斉に押しかけるようなことはせず、きちんと列を作って並びます。世界的にもそれが素晴らしいと思われていますが、こうした真面目さが行きすぎてしまうこともあるのです。

たとえば先日、ある人からこんな話を聞きました。沖縄から帰ってくる飛行機が遅れて、羽田空港に着くとすでに終電のない時間だったそうです。そのため、空港のタクシー乗り場は家に帰ろうとする人たちでいっぱい、長蛇の列になっていました。

そこで、その人はタクシー会社に連絡して配車を依頼したところ、ほどなく近くを走っていたタクシーが見つかって来てくれたということです。その一方で、きちんと並んでタクシーを待ち続ける人たちの列が、なかなか短くなることはなさそうでした。

今は、アプリで簡単にタクシーを呼べる時代です。けれども、タクシー会社に連絡もせずおとなしく列に並んでいる人がたくさんいたということは、そこに行列があるから、真面目に並ばなくてはいけないような気になってしまったのでしょうか。

列に並んで順番を守ることが絶対の正義であり、自分だけタクシーを呼んでしまうのは抜け駆けのようで、なんとなく悪いことのような気がしてしまう。無意識のうちに、そんなふうに思ってしまうのかもしれません。

でも、ちょっと考えてみてください。タクシーを呼んだほうが、タクシー会社もありがたいし、運転手さんも助かる、列も少なくなるので列に並んでいる人も嬉しい。もちろん自分自身も、先が見えなくてイライラする時間を短くすることができます。誰も損しないばかりか、誰にとっても得になりうるのです。

「こうしなくてはならない」「その場の状況に黙って従うべき」という思い込みからちょっと離れて自由になることで、自分が楽になるだけではなく、あらゆる人が楽になるかもしれません。私がおすすめするゆるい生き方とは、そんなちょっとした発想の転換なのです。

自分に厳しくすることがいい、あるいはルールやマナーを必要以上に厳格に守ろうとするのは、日本人の律儀さや真面目さの表れでしょう。けれども、これからはそのような厳しい価値観からもっと楽になったほうがいいと強く思うのです。

もちろん、法律のように共同生活を送る以上絶対に守るべきものはあります。けれども、いったいどこまでが必ず守らなくてはならないものなのでしょうか。暗黙のルールや慣習など、いつの間にか守らなくてはいけないと思い込んでいるだけのものもあるのではないでしょうか。

多くのルールやマナーに従わなくてはいけないという窮屈な価値観から解放されないと、いつまでたっても楽になれないのです。

「法律」と「道徳」の守り方、活かし方

ここで、法律と道徳について考えてみましょう。

法律については言わずもがなですが、誰もが守らなくてはならない決まりごとです。それでは、道徳とはどんなものでしょうか。本来は状況に応じて守っても守らなくてもいいものです。けれども、日本人は「道徳的であらねばならない」という意識がかなり強いのではないでしょうか。

道徳とは何かというと「善悪をわきまえて正しく行動するために、守り従うべき決まり」のことです。外面的に行為を規制するのが法律だとすれば、内面から正しい行為をしようと自発的に規制するのが道徳です。

道徳は「道」と「徳」からなるものです。道とは人が従うべき道理のことであって、たとえば親孝行をしよう、人には優しくしよう、嘘はつかない、皆のために順番を守ろうというものです。

「従えば人間関係が円滑になる」というある種の掟のようなものではあるけれど、法律にはなっていないというものです。

一方、徳というのは、人に備わった優れた品格を指す言葉です。たとえば資産家が寄付をする、貧乏人を助けるというように、余裕のあるものが弱いものを助けることを徳を積むと表現します。いい行いをする人間の状態や習慣のようなものです。

社会的に政治家や財界人など成功した人が徳を示すことで、尊敬を集めるのは正しい徳の積み方のひとつでしょう。

「道」はあるのに「徳」が見つからない社会

ところが、この国のおかしなところは、成功した人たちが道徳を語るわりには、あまり実践していないように見えることです。

政治家など、積極的に「道徳教育」を推し進めているにもかかわらず、選挙時に問題を起こしたときなど、まず決まって「法律的には問題ない」と口にします。けれども法的に問題がなければいいというのであれば、道徳に意味はないことになります。

さまざまなきっかけで政治家が嘘をついていることが表沙汰になっているように、国民に対して「徳」を示していないことは明らかです。それなのに大きな顔をして「道徳教育」が大切だと言うのです。

人の道を進んで口にする人たちが「道」を軽んじているように見え、徳を示すべき人々が進んで「徳」を示そうとしない。それが、今の日本のおかしなところではないでしょうか。道徳教育を大切にしているわりには、政治の世界ではあまり道徳的な行いが見られませんし、徳を示すことも行われているようには見えません。

あえて道徳教育を徹底しなくても、日本人は世界で一番と言ってもいいほど、人の「道」を大切にしている国民です。

とくに決まりごとにしなくても、人が多くなると自発的に列を作って、順番を抜かすこともなく譲り合って混乱を避けようとします。震災が起こったときも火事場泥棒は起こらず、皆が助け合ってできるだけ安心して過ごせるように気を配ります。

そういう意味で道は守られているというのに、道徳教育の必要性を説く政治家の側が徳を示さないのは大問題です。国のトップが人の道を軽んじ、徳を示そうともしない中で、厳しく道徳的であろうとしすぎるのは、自分たちが苦しくなるだけではないでしょうか。道徳的であることのいい部分は残しながらも、自分たちを律しすぎる苦しさから、もう少しゆるくなってもいいのではないかと思います。

もうずいぶん前から、介護施設の不足が問題になっています。けれどもいまだに「在宅介護こそが人の道だ」「子どもが親の面倒を見るのは当然だ」という考え方が根強くあるような気がしてなりません。

自分の生活を犠牲にしながら、今、親の介護に苦しんでいる人たちは、この先もずっと親の面倒を見なくてはいけないのでしょうか。施設で面倒を見てもらうことが、そんなに悪いことなのでしょうか。

それこそが人の「道」だと思い込んでいる人もいるかもしれませんが、本当はそうではない。もっとそういう思い込みから自由になって、ゆるい考え方をすべきです。

そして、本来は為政者たちが「徳」を示して、介護施設をもっと増やすのが筋ではないかと私は考えているのです。

なぜ日本人は心中物に涙を流すのか

歌舞伎の世界で起きた、悲惨な親子心中未遂事件は記憶に新しいでしょう。その例を出すまでもなく、日本人は心中が大好きな国民です。心中を、崇高なもの、美しいものとして捉えることさえあります。

事件の真相は知る由もありませんが、伝統や名誉を守るために一族で心中しようという考え方を、私たちはなんとなく理解できてしまいます。けれども、それは本当に正しく、美しいことなのでしょうか。そこまで自分や家族、一族に対して厳しくする必要はない、と考えるべきだと思うのです。

小さい子どもを道連れにする親子心中は、もっと痛ましいことになります。親が死ぬときに、「小さな子どもを残すのはかわいそうだ」と考えるのはごく自然なようにも感じますが、よく考えればそれもおかしな話です。

子どもはあくまで別人格です。子どもの責任は親が負わなくてはならないという考え方には一理ありますが、それで子どもの未来まで奪っていいはずがありません。

1960年代に、交通事故遺児が進学できるよう支援するための手段として「交通遺児育英会」という団体が生まれました。現在では、交通事故の場合は主に保険金がその役割を果たすようになっていますが、その団体の他にも「あしなが育英会」などの奨学金は、何らかの理由で親が亡くなってしまった子どものための基金として機能しています。そうした社会的なサポートが存在するのです。

ですから、不幸にも親が自ら死にたいと考えたときに、子どもまで巻き添えにする必要などありません。子どもは社会の財産です。苦労はあるかもしれませんが、生きてゆく道はあります。

親である自分がいなければ子どもは幸せになれないと思うのは、それこそ日本人にありがちな大きなお世話ではないか、変な責任の取り方ではないかという気がします。もちろん、その意味では心中ではなかったとしても死んでお詫びをするという責任の取り方にも疑問が残ります。

そもそも外国では心中という概念がありません。心中を英訳するとダブル・スーサイドです。日本人らしい文化とも考えられますが、実はそれほど古くからあるものではなく、江戸時代に近松門左衛門が流行らせたもののようです。

元禄16年（１７０３年）、実際に起きた事件をモデルに、近松門左衛門作の人形浄瑠璃「曾根崎心中」が上演されました。すると、これが大当たり。若い男女の心中悲恋物語に観客が熱狂、一大心中ブームが起きたと言われています。あまりにも心中が流行ってしまったために、江戸幕府はこの事態を重く見て心中物の上演を禁止、心中して片方が生き残った場合は、極刑を科すなどの厳しい措置がとられました。それによって、心中は大幅に減ったと言われています。

武士が責任を取るために行う名誉の自死である切腹は平安時代に始まったと言われますが、それとは違って、日本古来の伝統や文化というものでもありません。

もっとも死を美化する考え方は日本に限らず、世界中に存在します。1774年にドイツで刊行されたゲーテの小説『若きウェルテルの悩み』が流行った際にも自殺が大流行し、国によっては発売禁止処分になりました。この世界的な大流行から、有名人の自殺に影響されて自死を選ぶ人が増えることを「ウェルテル効果」と呼ぶようになったほどです。

心中に限らず、日本人には「死んでお詫びをする」のが最高の責任の取り方であり、立派な行為だという考え方があるのでしょう。借金を返せなかったから死ぬ、仕事がうまくいかなかったから死ぬ、会社に損害を与えたから死ぬなど、責任を過大視する傾向があります。

けれども、死ぬことが潔さ、一途さの象徴だというのは、フィクションから増幅されたイメージに過ぎないと思うのです。

真面目でいい先生が殺人を犯すまで

学校の先生が、借金を理由に強盗殺人を犯したということで逮捕された事件が最近も話題になりました。強盗殺人が事実なら、どれほど普段から怖い人だろうと考えてしまいますが、その事件の加害者は全くそのように見えなかったばかりか、学校での評判もよく、とてもいい先生だった、生徒に優しかったという声ばかり聞こえてきました。

殺人事件の犯人が、普段からいかにも怖い人だというのはむしろ少数かもしれません。何しろ、殺人事件のほとんどは顔見知りの犯行というのですから。

その動機とされているのは、わずか400万ほどの借金でした。もちろん決して少額ではありませんが、どう考えても人生を棒に振るほどの金額ではありません。

それが返せないことを気に病んで殺人まで犯してしまうのは、どう考えても根っからの極悪人というイメージではありません。むしろ、真面目に考えすぎです。絶対に誰にも知られずにその借金を返さなくてはならないと思い詰めた結果が殺人というのは、どう考えても融通がきかなすぎです。

「借金しても人生なんとかなる」「家族には迷惑をかけるけれども頭を下げて許してもらおう」とゆるく考えられれば、殺人を犯すまでには至らなかったはずです。このように、とても真面目で普段はいい人なのに、ゆるく考えることのできない人が恐ろしく大胆な行為に走ることもあるのです。

冷静に考えてみれば、借金をして返済できなくなってもせいぜい差し押さえになるくらいだし、最悪踏み倒すことだってありかもしれません。それどころか、取り立て屋が脅してきたら逆に警察に訴えることもできます。とはいえ、最初から借金など踏み倒せばいいと考えている小悪人だったら、あんなことにはならなかったでしょう。

よく「借金を返すために銀行強盗までするのは日本人くらい、外国の人は遊ぶために銀行強盗をする」と聞きます。借りた金は返さねばならないというルールのために、人殺しまでしてしまうのは明らかに行きすぎなのですが、そこまでしてでも守らなくてはならないと思い込んでしまう。日本人には、自分が正しいと思うことをするために、平気で悪いことができてしまうという怖さがあるのかもしれません。

コロナでゆるくなれなかった人が元気を失っている

コロナの時代になったときに「外で食事をしてはいけない」「人と喋る機会を持ってはいけない」と必要以上に真面目に自分を縛ってしまった人たちがいます。

それまでは、旅行にも出かけてよく体を動かしていたのに、多くの高齢者が外に出かけてはいけないと自粛して動かなくなってしまったために、足腰が弱くなったり、最悪の場合、要介護状態に陥りました。コロナ自粛期間中、自分に対してゆるくなれなかった人の多くが、その後、さらに苦しくなっているのです。

確かに、コロナ中は重苦しい雰囲気が蔓延していました。けれどもそんな中だからこそ、なるべく自分自身は息苦しくならない方法を考えるべきです。

非常時はつらくて当然、息苦しさを我慢すべきという考えが、重苦しい空気をさらに助長してしまったように感じます。ルールを守らなくてはならない、楽しんではいけないと思い込んだ結果、自分はもちろん、まわりの人たちも生きづらくさせてしまったのです。

コロナの最中にも、「何もできなくて息がつまる」「自由に行動できなくて苦しい」と言っていた人はたくさんいました。でも、そんなに苦しいのに、なぜまだ我慢するのかと私は言いたいのです。

息苦しいなら、息苦しくない方法を探せばいいではありませんか。なぜ、楽になることや楽しむことに罪悪感を覚えなくてはならないのでしょうか。

あの人は適当だとか、あの人は雑だ、要領がいいなどと悪口を言う人もいるでしょうがそんなものはやっかみだと思えるくらい、むしろ褒め言葉だと思えるくらいになったほうがいい。そういう人のほうが、明るくたくましく生き延びているのです。

完璧な自宅介護などあり得ない

今、50代、60代の人で親の介護にかかわっている人は多いでしょう。元気だった親が体を思うように動かせなくなったり、認知症の傾向が現れたりすると、自分が世話をしたい、しなくてはならないと考えてしまいがちです。

仕事があっても、ちょうど区切りをつける時期だと考えて辞めてしまう人もいます。そんな介護離職が、現在、大きな問題になっていますが、自分の老後のことも考えれば絶対に選ぶべきではありません。

定年後であれば、自分には時間があって融通がきくからと、自分の生活さえも捧げて一生懸命在宅介護をしてしまう人もいます。

けれども、やがて親を見送ることになったときには、とてつもない喪失感に襲われます。そのとき、職もない、趣味もない、自分の人生もないという状態で、立ち直るのはとても困難になります。

なかなか介護施設に入れない、介護施設の質が気になるなどの理由から、自分で介護をしなくてはという使命感を持つ人もいます。そして、いざ介護を始めると「完璧にこなさなくては」と真面目に考えてしまいます。

けれども、介護はとてもひとりでできるものではありません。自分自身もあとどのくらい元気でいられるかわからない状況です。その時期を介護に没頭してしまうと、旅行にも行けない、息抜きもできないという状況に陥って、うつになりかねません。そんな共倒れ状態は、誰もが不幸になります。

介護疲れで思い詰めた結果の親子心中など、絶対に起こってはならない悲しい事件です。それを阻止するためには、まず、親の世話は子どもがするものという思い込みから離れなくてはなりません。

人には頼れるだけ頼って、できればプロに任せるべきです。完璧にできなくても仕方ない、思い通りにならないことがあってもそれでよしとすべきです。

せっかく元気で体もまだまだ動く時期、自分自身がこの先、老後を順調に迎えることも視野に入れなくてはならない年代です。親にとっても、子どもが介護で疲弊するよりも、元気でいてくれるほうが嬉しいに決まっています。

どうか、介護中のまわりの人にもそういう目を向けてほしいと思っています。

運転免許証、自主返納の落とし穴

高齢者は運転免許証を自主返納すべきという風潮がますます広がりつつあります。

自分は返納したと得々と語る人も増えてきました。いいことをしているという自信の表れなのかもしれませんが、それが他の人に無言のプレッシャーを与えているということに気づいているでしょうか。

日本では、あくまでも自主返納を求めるというやり方をとっています。コロナ自粛もそうでしたが、海外のいくつかの国と異なり、国が責任を持ってロックダウンすることはせず、なんとなく従わないといけないような空気を作り上げます。そして、それに従わないと居心地が悪くなるように仕向けて、その居心地の悪さに耐えかねた人たちが自粛したり、運転免許を返納したりと、あたかも自主的に判断したように持っていきます。

こうして同調圧力に負けてしまった人たちは、どうなるのでしょうか。コロナ禍で自粛していた人たちは、自分たちの行動が正当であると思い込もうとして、他人にも自粛を強く求めるようになりました。けれどもその裏で、うつ状態になってしまった人も多く生まれました。

免許を自主返納した人たちは、あたかもそれが正義であるかのように語ります。けれども、車がないことで生活の幅が狭くなった人たちは、外に出ない高齢者になってしまって、数年後の要介護率が大幅に上がったりするわけです。

結局は自分たちが損をするわけですが、あくまでも自主的に行動を起こしたことになっているので、どこにも怒りの矛先を向けられない、誰にも不満をぶつけられないような空気が蔓延しているのです。

仕事がなくなって楽になったと思える人は幸せ

60歳で定年を迎える人は多いでしょう。当然まだまだ元気で、その後も何らかの形で働き続けるはずです。けれども還暦を迎えるこの年齢は、人生のひと区切りでもあり、自分のこの先のことを考えるいい機会になります。

自分はあと何年働き続けるのか、どのくらい働けるのか。そのまま同じところに居続けるのか、別のところへ移るのか。おそらく5年、10年もすると仕事自体を辞めるのか続けるのかと考えて、さらに大きな人生の岐路に立つでしょう。

長年働かなくてはいけないと頑張り続けてきた人にとって、所属も地位もなくなるのははじめての経験かもしれません。いよいよ仕事をしなくてよくなったら、そのとき何を思うのでしょうか。

仕事をする自分、企業の中の自分、肩書きのある自分に価値をおいて生きてきた人は、「肩書きがなくなってしまった」「社会的な居場所がなくなってしまった」「自分はもう求められていない」と喪失感に襲われるでしょう。逆に、「やっと解放された」「楽になってよかった」「自分らしく生きられる」と思う人もいます。

それまでどれほど頑張って、認められ、昇進したとしても、仕事を辞めた時点で新しい価値観の中で生きていくことになります。それまでの経験や功績がなくなるわけではありませんが、もはやそれが人生の基準ではありません。

そのとき、さまざまなしがらみから離れて「楽になった」「身軽になった」と思えるのがゆるい考え方です。「自分のやってきたことはもう通用しない」「もう敬われる対象ではなくなってしまった」などと考えていては先々つらくなるだけです。

ゆるく生きられない人はとかく物事を勝ち負けで考えがちです。以前より地位が下がったとか、収入が下がったということを、負け組だと思い込んでしまいます。

けれども、他人の分まで責任を負うこともないし、逃れられない人間関係に苦しむこともなくなります。十分働いてきたあとは「のんびりできていい」「毎日が気楽で嬉しい」と思えるのがゆるい老後につながる生き方です。

これで人生終わりではありません。60歳を起点にすると、あと余裕で20年か30年は新しい人生が続くのです。

定年が近づいたらその後の人生を第一に考える

　定年が近づいてくると、そろそろ自分がどこまで出世できるのか、この先どんな待遇を受けるのかという位置づけがおよそわかってくるはずです。

　どうやらあまり昇進は見込めないようだ、この先大きなプロジェクトにかかわれそうにもないと気づいてしまったら、残りの会社人生をどう過ごしますか。これまでお世話になった恩返しのために、最後まで手を抜かずに一生懸命に働こうと思うなら、少し発想を転換したほうがいいでしょう。

　会社を去った後のことを、まず第一に考えるべきです。まだまだ自分の力を発揮できる同業他社に移るもよし、今まで興味のあった業界にチャレンジするもよし、起業も視野に入るでしょうし、職種によってはフリーランスになることもできます。

「会社のために誠心誠意尽くして、残りの仕事人生をしっかりと締めくくろう」など真面目に考えても、それを評価してくれる人はいませんし、誰からも求められてはいません。その後の人生のために、今ある人脈やスキルを活かして何かやりたいことをやろう、そのための道を探ろうと考え始めるほうが得策のような気がします。

定年後に始まる負け組たちの華麗な逆転劇

野心を持っていると、会社での出世競争に巻き込まれます。部長になりたいとか、課長になりたいとか、編集長になりたいとか、教授になりたいという夢を抱くでしょうが、残念ながらそうした地位がいつまでも続くとは限りません。

皆いずれは、会社を去って自分の人生を生きることになります。つまり地位や肩書きは一過性のものに過ぎないのです。

出世ばかり考えている人は、人に嫌われるかどうかなどお構いなしで上の人に媚びるものですが、だからと言って競争に勝てるとも限りません。

私たち、医者の世界でもそのようなことがあります。医局に長く残ることができた人たちが勝ち組で、途中で辞めて開業するのは負け組と言われたりするものです。途中で脱落した私は負け組になるわけですが、60歳を過ぎるとみなそれぞれ状況が変わってきます。教授になった勝ち組の人も、その地位がいつまでも長く続くわけではありません。そろそろ次はどうしようか、どこへ行こうかという話が出始めます。

その反面、負け組と呼ばれていた開業組は、それぞれに安定した立場を築いている頃です。40歳で開業したとするとすでに20年の実績があるので、地元の医師会長になっていたり、自分の病院を大きくしていたりと充実しています。

しかも、定年がないから次の身の振り方を不安に思う必要もありません。その先の人生を考えると、勝ち組と呼ばれていた人たちが、負け組と呼ばれていた人たちを羨ましく思うという逆転現象さえ起こるのです。

私自身、40代、50代までは同期の中で負け組扱いをされていたものですが、60を超えた今になって「お前はいいよな」と羨ましがられたりしているのが現実です。

ゆるく生きれば老後が楽しくなる

「今、この勝負に勝たなくてはならない」「今、うまく立ち回らなくてはいけない」と一生懸命に頑張った結果、仮に運に恵まれ、人にも恵まれて社長や教授になることができたとしても、その先がどうなるかは誰にもわかりません。

出世競争に没頭すると、知らず知らずのうちに仲間が離れてしまったり、意図せず多くの敵を作ってしまうこともあります。その結果、待っているのは寂しい晩年ということになりかねません。

仕事はできるものの視野が狭い人たちは、できない人を見下したり、年上の人を立てなかったりという無礼を働きがちです。多くの人からは敬遠されて、つきあうのは仕事上の関わりがある人ばかり、利害関係が働くので、心の底から信頼できる人はいないでしょう。立場が変われば、自分のまわりには誰もいないという寂しい人生になりかねません。

逆に、ゆるく生きて、まわりの人ともフランクに仲良くしてきた人は、年をとってもともに楽しめる友達がたくさんいるでしょう。

今、この場で勝つことよりも、長い目で見てうまくいくことのほうが意味のある人生になります。たとえ人生の途中で苦しいことがあっても、今のことばかり考えずにさらに先を見る目を持つ、そんないい意味での開き直りが大切です。

「できなくなった自分」を受け入れよう

年をとるにつれて、できないことが増えていきます。少し前まで楽にできていたことがうまくできない、体が重く感じられるということを、誰もが実感しているでしょう。

できないことが増えてきたとき、考えるべきことには大きく2つの方向があります。

ひとつは、その状態でできることを探して伸ばす、活かすことです。

たとえば、いつかは耳が遠くなってしまうでしょう。聞こえにくくなったことを嘆いて、あれができない、これができないと悲観するばかりではなく「耳が遠くなってもこれならできる」ことを見つければいいのです。

あるいは、いずれ寝たきりになってしまうかもしれません。そんなときも「自由に歩いていた頃はよかった」と過去ばかりに目を向けず、「寝たままでも人と話はできる」「景色を見たり、音を聞いたりすることはできる」と、今、できることを考えるのです。

もうひとつは、できなくなったことについてどこまで改善が可能かどうかを検討することです。

たとえば耳が遠くなったら補聴器を使えばいいし、トイレが近くなれば、オムツを使えばいいでしょう。できなくなった自分の状況をありのままに受け止めて、何かの助けを借りることを潔く受け止める。そうすれば、できないことができるようになり、先が開けて楽しみも増えます。情けないと思ったり、恥ずかしいと思ったりする必要はありません。

「頑張ればなんとかなる」はもう通用しない

そこで大切なのは、「できなくなった自分を受け入れられるか」「できなくなった自分を許せるか」という気持ちの問題です。

「これまでできていたのだからできないはずはない」「頑張ればなんとかなる」「助けを借りるわけにはいかない」などと、機能の衰えた自分を認めたがらない人は少なくありません。人間誰しも年をとると頭ではわかっていても、「自分は違う」「まだ早い」と考えてしまうのです。

けれど、そこで我を張ったところで「偉い」と認められるわけではありません。頑張ったところで限界はあります。何より自分が苦しいはずです。

年をとった自分の現実を見つめましょう。頑張ればなんでもできた過去の自分と比べるのはやめましょう。さらに年を重ねれば、いずれはできなくなった自分を認めざるを得なくなるはずです。それなら早いうちに受け入れてしまったほうが楽です。その上で、できることを広げていったほうがいいではありませんか。

「今できることを無理なく楽しもう」「便利な器具の力をどんどん借りよう」とゆるく柔軟な考え方ができれば、世界がもっと広がるかもしれません。

「恥ずかしい」と思う気持ちが恥ずかしい

日本の文化は「恥の文化」と言われます。行動を起こすときに、まず他人の目を判断基準として、恥ずかしいか、恥ずかしくないかを考えます。この「恥ずかしい」気持ちがなかなか厄介です。

たとえば女性が年をとると、水着で人前に出るのは恥ずかしいと言う人が増えます。でも、恥ずかしいからといって行動を制限してしまうと、楽しいことも楽しめなくなってしまう。せっかく沖縄に行ったとしたら、ビーチに出て思い切り楽しんだほうがいいに決まっています。

髪を茶色や金色にしたり、派手な服を着たりすることも、恥ずかしいからと敬遠する人がいます。けれども、なぜ自分の気持ちよりも他人の目を考えるのでしょうか。自分の気分が湧き立つことのほうが優先されるべきではないでしょうか。そもそも他人はそれほど気にしていません。

どうしても他人の目が気になる人は、自分自身が他人の行動に眉をひそめることが多い人かもしれません。自分が恥ずかしくてできないから、他の人もすべきではないと思っているのでしょう。

「いい年をしてあんな格好して」などと言う人は、本当にそう思っているのではなく、自分にとって耳触りのいい言葉を発しているだけ。本当は羨ましいのではありませんか。

年をとることや自分の好きなように行動することは、全く恥ずかしいことではありません。本当の気持ちを素直に出せなくなることのほうが恥ずかしいことだと私には思えます。

第2章

ゆるく楽しく生きる秘訣

もう「茨の道」を歩むのはやめよう

何かをしようとするとき、いくつかの方法があったらどのようなやり方を選ぶでしょうか。たとえば、楽な方法と丁寧だけれど難しい方法があったら、どちらを選びますか。「楽をしようとするのは悪いことだ」「厳しい道を進んだほうが学びは多い」と考えて、つい茨の道を進んでしまう人も多いのではないでしょうか。

確かにこれまでの人生では、困難な道を選んで成長してきた実感があるかもしれません。けれども、簡単な方法をはなから敬遠して無意識のうちに難しい道を選んでしまう癖がある人は、ここで考え直してください。

楽な道を選ぶことは決して悪いことではありませんし、怠惰な選択というわけでもありません。それどころか、物事を効率よく進めるために有効な手段です。まず、「楽な道は手抜きで悪いこと」という思い込みを捨てましょう。

年をとればなおさら楽な道を選ぶのが正解になります。なぜなら、そのほうがいい結果が得られるからです。

年齢とともに体力も落ち、集中力もなくなってきます。そんな状態で今まで通りに物事を進めれば、当然、時間はかかり、成果のクオリティは下がります。うまくいかない自分、うまくいかない結果にイライラしてストレスが増大します。

「多少大変でも厳しい道を進むべき」「頑張ればなんとかなる」というやり方はもう通用しません。いい結果を残したいと思ったら、できるだけ楽で成果の上がる方法を見つけましょう。長年頑張ってきた経験があるのですから、自分では楽をしたつもりでいても、きっと悪くはない結果が得られるはずです。

楽をするのはズルでもサボりでもない

昔の話ですが、私は27歳のときに『受験は要領』という本を書いたことがあります。高校生の頃は劣等生だった自分が、現役で東大理Ⅲ合格を果たすことのできた効率のいい勉強法を公開したものです。

「受験勉強は基礎からコツコツと積み上げていくもの」という当時の常識を覆して、点数アップにつながる受験勉強のための秘訣を伝授したのですが、当時は昭和末期、まだまだスパルタ教育の名残があった頃だったせいか、「そんなやり方では子どもがダメになる」「考える力がなくなる」と酷評も受けたものです。

もっと前の時代、スポーツの世界では「練習中に水を飲んではいけない」と言われていたものです。けれども、その後、「あれは間違いだった」「水は飲んだほうがいい」と否定されるようになりました。

それなのに、勉強に関してはそれ以前からの考えが根づいていて、「成績が上がらなかったらもっと勉強しなさい」という根性論が幅をきかせていました。いえ、当時だけではなく今でもまだその傾向があります。

けれども、冷静に考えてみてください。「頑張って勉強しているのに成績が上がらないということは、やり方が間違っているのではないか」と、なぜ思わないのでしょう。

「成果が出ない原因は頑張りが足りないから」というのでは、何の解決にもなっていません。その方法でますます勉強させれば、成績は大して上がらないまま、子どもをどんどん苦しめることになります。それなら、もっと無理なく楽にできて効果の高い方法を探せばいいのです。

楽な方法というと、「手を抜く」「サボる」「ズルをする」というイメージがあるかもしれません。けれども、決してそうではなく、無理することなく、苦しまず、体や心に負担をかけることなく、高い効果を得られる方法は必ずあります。それなのになぜか、苦しいこと、つらいこと、困難なことのほうが正しいに違いないという思い込みがいまだに生きているのです。

私の言っていることは一貫して変わりません。ずっと「今よりもっと楽で成果を上げる方法を探そう」「自分が楽をすることを許せる人間になろう」と伝え続けているのです。

今よりもっと楽な道が必ず見つかる

私が受験勉強の際に得た哲学のひとつに、どんな仕事でも、どんな課題でも、今よりも楽に結果が出せる方法はあるはずだということがあります。

たとえば数学の問題を解くには、一から問題に取り組むのが正しいやり方と言われていました。けれども、そのやり方で数学ができない、苦手だというのなら、別のやり方を考えればいい。まず答えを覚えて、解法パターンを身につければいいわけです。

数学はいろいろな解法パターンを知っているほうが引き出しが多いので、それだけで解ける問題の幅がぐっと広がります。将棋も同様で、定跡を身につけます。

頭の中の引き出しを増やす段階と、それを使ってものを考える段階をきちんと分けて考えれば、はじめはまず解法を覚えるのに徹したほうが効率がいい。解法パターンを身につける時期に、わざわざ一から自分で問題を解くと時間ばかりかかって効率が悪いのです。

けれども、そのような話をすると「それでは考える力がつかない」という人が現れ、まるでズルをしていい点を取っているかのような言われ方をしてしまいます。

当然のことですが、ズルをしているわけではありません。自分が数学が得意になるために最もいいと思う方法を選ぶという話です。

どんな道であっても、いい結果を出すためには楽な方法があるはずです。今までの方法を見直して、もっと効率よく結果を出す方法を工夫してみましょう。そうやって自分なりのいい方法を見つける人のほうが、人生うまくいくものです。

「他人の不幸は蜜の味」は自分を不幸にする

最近、政治家や芸能人のゴシップがよく大きな話題になります。

たとえば不倫が発覚した、不適切なメールが出回った、ひどい対応をしていたなど、個人的な内容までが赤裸々に暴露されて大騒ぎになりがちです。

悪いことをしたとされる側に、一斉に非難が集まります。その流れに同調することで自分がまるで正義の味方になったような気がして、一緒に叩いてみたりしたことはないでしょうか。

けれども、考えてみてください。不倫をしたとすれば、家族にとっては一大事でしょう。でも、それはその家庭や関係者の問題であって、部外者である私たちにとっては全く関係のない話です。それなのに、格好のターゲットが現れたとばかりに、関係のない人たちが一斉に攻撃を始めるのは、あまりにも行きすぎの感があります。

しかも少し時間が経つと、叩かれていた側にそれ相応の理由があったことや、正しいとされてきた側にも落ち度があったことがわかって、世論があっという間に逆転してしまうことさえあります。

不確かな情報をもとに、他人事に首を突っ込んで一斉に誰かを叩いてしまうことは、自分では正義に従って行動しているつもりかもしれませんが、自分自身をも縛って苦しめる行為です。そして、「あれはいけない」「これはいけない」と主張する人たちが多ければ多いほど、息苦しい世の中になってしまいます。さらに、そういう考え方が自分を縛ることにつながりかねません。

たいていのゴシップは、部外者である私たちにとっては興味本位でいいのです。いいも悪いも当事者たちにしかわからないこと。他人事なのにまるで自分の身の回りのことのようにイライラしていると、それがストレスになってうつ病の原因になったり、免疫力を下げる要因になったりしてしまいます。

年をとればなおさらです。「そうか、そういうことがあるのか」「有名人は注目を浴びて大変だ」くらいの気持ちで、遠くからゆるく見守りたいものです。

知らなかったタクシー乗車の新常識

相手に尋ねたわけでもないのに、「こんなことをしては相手に失礼だ」「申し訳ない」と自分で勝手に思い込んでしまうことがあります。

たとえば、タクシーでワンメーターだけ乗るのは申し訳ない、いけないことだと思っている人も多いのではないでしょうか。

確かにひと昔前はそのように言われていたこともありました。けれども先日タクシーの運転手さんからこんな話を聞きました。

最近、羽田空港や東京駅で待機していても、長距離のお客さんはあまり来ないのだそうです。「それなら、病院で待っているのがいちばんいいんじゃないですか。そのまま自宅まで帰る人が多いでしょう」と私が言ったところ、「いや、そうでもないんです」と運転手さんは応えるのです。

「昼間の時間帯は、長距離のお客さんを乗せたとしてもこちらに帰ってくるのにかなり時間がかかってしまいます。それを考えると、遠くまで行くのは割が悪いんですよ。それよりもありがたいのは、さっとワンメーター乗ってくれるお客さんです。1分間で500円。いや、こんなおいしい商売はないでしょう?」

そう聞いて私はびっくりしました。ワンメーターだけ乗るのは失礼だというのは、相手の事情も知らずにこちら側が勝手に気を遣っているだけの話で、実際にはありがたいお客さんだというのですから。

そもそも、やってはいけないことだったわけでもありません。勝手に相手の事情を忖度してこれはいけない、あれはいけないと思い込むのはよけいなお世話なわけで、そこまで自分に厳しくなる必要はないのです。

「要領がいい」は最高の褒め言葉

先ほども触れたように、コロナでゆるくなれなかった人の多くが元気を失って、今もなんとなく息苦しさを感じていると言われています。けれども、なぜ今もその息苦しさを我慢しているのでしょうか。息苦しいなら、苦しくない生き方を探せばいい。それに尽きます。

自分で自分を縛っているいろいろな枷《かせ》を外せばいいだけです。けれども、それがなかなかできない。それどころか、枷を外して自由になった人はなぜか「適当な人だ」「要領がいい」などと非難めいた言われ方をするものです。

でも、果たして「適当」「要領がいい」は悪い言葉なのでしょうか。

先ほども挙げた話ですが、私が『受験は要領』という本を書いたとき、いろいろな教育評論家や教育学者たちにコテンパンに叩かれたものです。では、そのような人たちは今、一体どうしているのでしょう。教育関係の世界で生き残っている人はあまりいないように感じます。

想像できる理由のひとつは、時代が変わっても主張を変えられなかったのではないかということです。要領よく学ぶことをよしとせずに根性論を振りかざして、時代に合わなくなってしまった人も多いのではないでしょうか。

そしてもうひとつ理由として考えられるのは、その人たちがその後、自分自身が主張するような厳しい生き方を貫いて、もしかしたらうつ病になってしまったのではないかということです。

当時「勉強はど根性でやれ」という主張をしていたからには、きっと自分のことも厳しく追い込んでいたのでしょう。体力も気力もある若い頃はそれでなんとかなったのでしょうが、年をとるにつれて、精神的に追い詰められてしまったのかもしれません。

そう考えると、「あの人は雑な人だ」「適当だ」「要領がいい」などと言われるくらいでちょうどいい。少なくとも私はそれで40年近く文筆家として生き延びてきました。あなたも褒め言葉だと思っていいのです。

百戦錬磨の政治家に見習いたいゆるさ

ここで、日本の政治家たちの姿勢について考えてみましょう。

私は、代々政治家の家に生まれた人たちが人間として優れていると思ったことは一度もありませんが、ただひとつだけ、さすがだと思っていることがあります。それは「どんなことを言おうが、有権者はやがて忘れてしまうことを知っている」ということです。

どんな嘘をついても、適当なことを言っても、いつか有権者は忘れてしまう。そう考えているから、誰も本当の意味での責任など取りません。

何代も政治家を続けている家では、代々の親からの言い伝えなどでそういう感覚があたりまえになってしまっているのでしょう。だからごく自然に「適当にその場をごまかしておけばいい。どうせ選挙のときになればみんな忘れてくれるんだから」という考え方が身についているように思います。

それに比べて、以前、自民党以外から誕生した総理大臣の中には「私は嘘つきと言われるのが嫌なんです」と言いながら、結果、政権を投げ出した人もいました。

確かに、彼は政治家の家系の出ではありません。

多くの世襲の政治家からすれば、「嘘つきと言われても気にしなければいいじゃないか」「どうせみんなそんなことすぐ忘れてくれるんだから」というところだったのではないでしょうか。

どんな深刻な問題が起きても、それによって誠実な人が失脚したり命を落としたりする事態になろうとも、政治家は誰も責任を取ろうとしないものです。そうやって政治家が責任を取らないのだから、一般の大衆だって責任を取ろうとする必要などないはずです。

そういう様子を見て「政治家はけしからん」と腹を立てる人もいるかもしれません。けれども、海千山千の政治家に腹を立てていても、イライラするこちらが損をするだけです。

「ああ、なんだ。ああいう風に生きていても許されるんだ」「日本を代表する人たちがあんな状態なんだから、自分たちもそんなに難しく考える必要はないんだ」と思って気を楽にしたほうがはるかにためになるというものです。

正しい責任の引き受け方とは

政治家が問題を起こしたとき、「今ここで辞めるのではなく、職務を全うするのが自分の責任だと思う」と言って、断固辞職しないことがあります。

「いい加減なやつだ」「いや、辞めろよ」という声が上がっても決して動じず、よほどのことがない限り辞めません。辞めるべきだという世論がどれほど高まっても一向に気にしていないような様子に、いちいち腹を立てたり、不快に感じたりするかもしれません。

理屈で考えれば、確かに辞めずに職務を全うして、損害を取り戻したほうがいいでしょう。それでも彼らの態度が問題視されるのは、口では「政治家を続けて職務を全うするのが私の責任」と言いながら一向に解決を図ろうとする姿勢が見えない、その後も仕事ぶりが変わらないようにしか見えないからです。

もちろん政治家の中にも、思い悩んで自死を選ぶような一途な人もなくはないのですが、背負っているものの重さを考えれば、さほど大きな責任を負っているわけでもない一般人と比べてはるかに少ないと思います。

これは、決して政治家を責めているのではありません。もちろん、その無責任さに一国民として憤りを覚えることはありますが、正直、むしろ感心しています。メンタルヘルスの視点から見ると、あのふてぶてしさといい加減さは大したものだと思えるのです。

何もかも真面目に、厳しく考えてしまいがちな人ほど「あれでいいんだ」「あのくらいのほうが精神的に強くいられる」と思って見習いたいものです。

炎上しても気にしない強さを見習う

どんなに悪いことをしようが評判が悪かろうが、選挙で勝てば禊《みそぎ》がすんだことになってしまうのが政治の世界です。

たとえば、過去につきあっていた彼女に送ったプライベートなメールを公開されてしまったことで話題になった知事がいました。世間からは叩かれ、かなり恥ずかしい思いをしたはずですが、その後の選挙戦では見事に圧勝、普通に知事を続けています。

もちろん、それが理由で政治家を辞める必要などありません。そのまま続けているのは何も悪いことではないのですが、それにしても全く動じることのないあの姿勢や強心臓には大したものだと感心させられます。

「汚らわしい」「恥知らず」「気持ち悪い」「孫に恥ずかしくないのか」と散々な言

われようで評判は地に落ちたはずですが、それでも「失った信頼を取り戻すために仕事でお返ししてゆく」と頭を下げてすませてしまいました。

叩かれても叩かれてもそれほどダメージを受けていないような様子を見ていると、相手が公人とはいえ他人の家の事情にあれこれ口を出している側が、だんだん虚しい気分になってくるのではないでしょうか。

心臓に毛が生えた人、とはよく言いますが、あの強さ、したたかさ、大胆さは感心すべきところでもあります。とてもああはなれない、と思っている人ほど、あれでいいのだと認め、できるだけ真似してみるといいのではないかと思います。

潔く頭を下げて問題はきれいに解決すべし

ところで、そもそもなぜそのようなプライベートなメールを公開されてしまったのでしょう。それは、きちんと相手に礼を尽くしていなかったからだと思います。いわゆるきれいな別れ方をしていなかったのではないでしょうか。

これは想像ですが、お相手に対して「選挙に出るから別れてくれ」くらいの軽い言い方で別れ話をして、それでなんとかなると思ってしまったのかもしれません。

適当なことでお茶を濁して、別れ話の後もきちんとしたフォローをしていないのではないかと思うのです。「本当に悪いことをした」と謝罪を続け、誠意を示していれば状況はまた違ったかもしれません。

そして、礼を尽くしていなかったのは家族に対しても同じことではないかと感じます。たとえば、家族にもきちんと頭を下げて、「けじめをつけるために手切れ金を渡すことを許してほしい」「すべて自分の不徳のいたすところだけれど、ここでけじめを示さないと大きな問題になりかねないので助けてほしい」と誠意を見せていれば、これほど大きな問題に至らなかったのではないかと思います。

ゆるく生きるために大切なことのひとつとして、問題になりそうなことにはきちんと対処すべきというのがあります。

たとえば、浮気をしてしまったとしたら、相手に礼を尽くす。そして家族に頭を下げる。どちらにもきちんと謝罪して、手切れ金などで誠意を示す。大事な局面ではきちんとしたけじめをつけなくてはならないと強く思うのです。

人の「地雷」を踏まない自分を目指す

問題が起きたとき、いつ、誰に頭を下げるべきかを見極めるのも必要です。

最近は、有名人が不祥事を起こしたとき、ちょっとした謝罪のタイミングの違いでその後の展開が変わってくるという実例を目にすることがあります。

それも、「このくらいなら大丈夫だろう」と事態を甘く見積もって頭を下げるのが遅くなったせいで、その後、問題が泥沼化することが多いように感じます。

先ほどの知事の例もそうです。一般人がいくら批判したからと言っていちいち「私の不徳のいたすところ」などと頭を下げる必要はもちろんないのですが、奥さんや相手にはきちんと頭を下げるべきです。

つまりゆるく生きるためには、たいていのことはゆるく気を遣いすぎなくていいけれど、その代わりここぞというときだけは適切に謝罪する、そして、これだけは触れてはいけないというその人にとっての「地雷」だけは踏まないようにすることが必要なのです。

常に、誰からも嫌われないようにしようと気を張り続ける必要はありません。ただ、相手が傷つくようなことだけは言わない、本気で恨みを買うことはしない、本気でお詫びをすべきときは真摯に謝るというように、メリハリをつけるのです。ここだけは押さえておくべきという部分を見極めることです。

たとえば男性によくありがちなことですが、おつきあいをしていた女性と別れる場合、たとえ相手が夜の仕事の人だったとしても「君もこの商売をしているんだからわかるだろう」という不遜な言い方をしてしまったらダメ。上から目線の言動で相手がカチンと来るのは至極当然なので、その後、何が起こっても仕方ないと覚悟しておくべきです。

ひとつのことに執着すると大事に至る

このように、ゆるく生きるためには普段の生活でも、いつもはおおらかに過ごし、ここぞというときだけ引き締めるというメリハリが必要です。

たとえば、「夫が電気の消し忘れに細かくて困る」という人がいました。ちょっとでも消すのが遅くなると、いちいちチェックが入ってうるさいそうです。

口うるさくて聞いているほうがイライラするというのももちろんストレスですが、本当に困るのは電気の消し忘ればかりを気にするあまり、他のことが疎《おろそ》かになってしまうことです。

その人が言うには、やかんを火にかけたまま忘れて空焚《からだ》きになってしまい。あわや火事と大慌てになってしまったことがあるそうです。電気の消し忘れとガスコンロの消し忘れ、一体、どちらにより気を配るべきでしょうか。

ゆるく生きられない人は、こんなふうに何かひとつのことが気になったとき、そのことばかり考えてしまって心に余裕がなくなってしまいます。そしてその結果、本当に重要なことを忘れてしまうのです。

電気を消し忘れたところで、大した害はありません。でも、ガスを消し忘れると危険です。あれもこれも気をつけようと真面目に考えてしまうより、本当に危険なことは避けなければいけないけれど、そこまで大事に至らないことであれば、ちょっと抜けてしまうことがあっても構わないくらいの気持ちでいたほうがいいのです。

完璧を求める人にとっては難しいかもしれませんが、年とともに気を配ることのできる範囲も少しずつ狭くなってきます。細かいところについては、多少、抜けたところがあっても構わないと自分を許せるようになりましょう。

ロシアとウクライナにおけるメンツの問題

ロシアによるウクライナへの軍事侵攻が長期化しています。当初は短期間で終わるのではないかという見込みもありましたが、なかなか収束しそうにありません。

戦争となればそれぞれの国に事情があるわけですから、それが正しい戦争であるか、間違った戦争であるかなどと一概には言えないでしょう。けれども、いくら必要な過程だったと言っても、犠牲になった人がいる以上、それを正当化することはできません。

泥沼化した今の状態が、私の予想ではまだまだ十年単位で続くのではないかと思うのです。一体、なぜこれほどに終わりが見えないのでしょうか。

これは、もはや国のためでも国民のためでもない、両国のトップの思惑で続いているからではないかと私は考えます。

攻め込まれた側のトップからすれば、戦争を続けている以上は諸外国から援助も来るし、自分の支持率も高くなっています。支持率は戦争前よりはるかに上がっているのですから、やめる理由がありません。どれほど国民が困ろうが、国の情勢が逼迫《ひっぱく》しようが、戦争している限りは自分が英雄になれるのです。

攻め込んだ側のトップは、逆に、ここで自分の非を認めてしまったら政治生命が終わってしまいかねません。となると、こちらはこちらでやめるという選択肢は全くないことになります。

残念ながら、それぞれのトップは国民のことよりも自分の事情、自分のメンツを考えて動いているのでしょう。その結果、もしかしたら彼らの命がある限り続くかもしれない、と思うのです。

つまらないメンツで損をした戦時中の日本

これは、単に他国での話というわけではありません。第二次世界大戦時の太平洋戦争では、日本も同じような状況に追い込まれていました。

ある時期から、戦争に負けるのは不可避、どうにもならないとわかっていたのに、トップは誰も責任を取ろうとしませんでした。絶対勝てると国民を鼓舞してきた以上引っ込みがつかなくなり、メンツを重視してやめるにやめられなくなってしまったというところではないでしょうか。

何より許せないと思うのは、挙げ句の果てに特攻隊まで出してしまったことです。特攻隊は戦闘機や爆撃機、潜水艦などに乗り込んでそのまま敵艦に体当たりするものですから、生きて帰れる可能性は万にひとつもありません。

特攻隊で出撃したのは、ほとんどが20歳くらいの未来ある若者たちでした。学徒出陣で集められた大学生もいます。これから国を支えるために最も大切な人材です。

その時点で、首脳陣は何をしたところでこの戦争に勝つことはない、まず負けるだろうとわかっていたはずです。冷静に考えればそこで最も大切なのは、負けた後に国を再建することです。ただでさえ戦争で働き盛りの人々を失っています。その上、これから日本のためになる優秀で真面目な人材をむざむざ失ったのです。

特攻隊として出動していった人たちが遺した手記を読んで、立派な文章に胸が熱くなった人も多いことでしょう。生きていれば、その後、日本の再建のために活躍した人たちに違いありません。

日本のかつての軍人も、そのときの自分たちのメンツを重視して、その先にある国の将来を考えなかったわけです。目の前のことにとらわれて先が見えなくなるのは、結果的に大きな損をするやり方でした。

こうしたことからもわかるように、ゆるく生きるために大切なのは、今、目の前の利益よりその先にある利を第一に考えることです。

国単位の話になると、自分とは関係のない遠い話だと思うかもしれません。けれども、こうしてメンツにこだわるあまり、苦しくなってしまうのは私たちの身近でも起こりうることです。

自分の間違いに気づいたとき、こちらのやり方のほうがよかったかなと途中で思い直したとき、ちっぽけなプライドにこだわらず、きちんと軌道修正できるかどうかが大事です。

「すまない、今までのやり方はよくなかった」と潔く人に頭を下げさえすれば、自分も楽になるし、まわりも許してくれる。そしてたいていのことがうまくいくようになるものです。

子どもの中学受験にアツくなりすぎる親の過ち

戦争のことであれば、なるほど確かにあれはおかしかったと納得する人は多いでしょう。けれども、似たようなことは身の回りでも起こっています。

たとえば、中学受験。受験戦争とも言われるだけあって、まるで戦争時のように正常な判断ができなくなってしまうことがあります。

現在、都市部の中学受験はとても激しい状況です。かつて、お子さんの中学受験を経験した親御さんもいらっしゃるでしょう。

親は必死になって子どもをいい学校に行かせようとします。いい学校に合格しないと、もはやここで人生がダメになってしまうというくらいに思いつめてしまいます。

けれども、冷静になって考えてみればそんなはずはありません。小学校時代に無理をさせすぎたことが原因で勉強嫌いになってしまうと、かえってその先うまくいかなくなることも多いのです。

中学受験ですべてが終わるわけではなく、むしろ始まりです。6年後には大学受験があり、その後も社会での競争は続きます。

子どもの性格をきちんと見極めていないために、判断を誤ってしまうこともあります。

たとえばトップ校にビリで入ると、それまでの小学校時代、クラスでトップだったのに急に一番下になってしまいます。子どもによっては、自分はダメな人間なんだという強い劣等感を抱いて一気に意欲をなくすでしょう。そんな性格の子どもなら、2番手校に入学してそこでトップクラスにいたほうがいいのです。

中学受験は子どもの競争なのですが、子どもには発達に差があります。発達が早い子にとっては有利ですが、遅めの子にとってはかなり厳しい闘いです。それなら、早々に中学受験に見切りをつけて、高校受験、大学受験に照準を合わせ、先に中学生の勉強を始めるという方法もあります。

中学受験はある意味特殊な勉強が必要になるので、高校受験には役に立たないことも多いからです。仮に少し先の大学受験をゴールだと考えてみれば、今、目の前にある受験がすべてではないということがわかります。

今の自分より未来の自分にチャンスを譲ろう

中学受験を経験した親御さんにとっては、思い当たる節もあるのではないでしょうか。その後の子どもの成長を見て、確かにそうだと感じる人もいるでしょう。

あのとき、なぜあれほど一生懸命になったのか、なぜ目の前のことばかりに必死になってしまったのか、おそらく後から客観的に考えてみればもっといい方法があったのではないかと後悔しているかもしれません。

けれど、年をとってそんな経験を経てもなお、つい目の前のことばかりにとらわれてしまうという悲劇は起こるのです。

ゆるく生きられない人は、今、目の前にあることが人生のすべてかのように思ってしまいます。目の前のことに振り回されてしまい、「今、きちんとしないとならない」「できるだけ早く解決しなくてはいけない」と思ってしまいます。

けれども、落ち着いて視野を広く持てば、他にもいろいろなことがあるし、まだ未来があることがわかります。

「人生は長い」「今、勝たなくても問題ない」「失敗してもいつかうまくいく日が来る」「人生はまだまだ続くのだからチャンスはまたある」と考えられるようになれば、きっと楽になれるはずです。

私が高齢者専門の精神科医を務めてきて痛切に感じたことは、今、目の前のことばかりに汲々《きゅうきゅう》とすると、しばしば年をとってからの自分に悪影響があるということです。

長い目で見てうまくいけばいいのですから、今、失敗しても大した問題ではないという意味で開き直りましょう。そうすれば、今の境遇にくよくよしないですみます。

「早撮り監督」がヒット作を生み出すからくり

映画の世界には、よく「早撮り監督」「手抜き監督」と言われる映画監督がいます。どう考えても褒め言葉には聞こえないでしょう。

ひとつのシーンに時間をかけ、思い通りのシーンが撮れるまで何度も何度も撮り直し、決して妥協することなく、納得がいくまでとことんこだわり抜く。名監督にはそんなイメージがあるはずです。とくに、昔の時代の巨匠、鬼才、レジェンドと呼ばれるような監督たちには、数多くのエピソードが伝えられています。

そんな名監督とはまるで対極に位置するような「早撮り監督」「手抜き監督」ですが、不思議なことにそう呼ばれるわりに長く生き残っているものです。しかも、手抜きなどと言われながら、作品の評判もまあまあよく、興行的にもまずまず成功していたりします。なぜでしょうか。

ひとつには、仕事が早いから頼みやすい、スケジュール的にも無理がないなど、依頼する側の理由があるのでしょう。

そして、もうひとつ、作品のクオリティに関しては、ここは大事というツボを心得て、いい作品に仕上げる技を持っているのです。

たとえば映画のラストシーンで、大写しになった主人公が大粒の涙を流すというような、人の心に訴えかけるクライマックスシーンを丁寧に、感動的に作ることのできる才能があれば、それだけでいい作品になるものです。細かな部分は多少抜けていたとしても、人の心に残るシーンが素晴らしければ、それだけで人を感動させることができるのです。

もちろん、映画だけの話ではありません。ここぞというカンどころをうまくつかんでおけば、他はまああ適当でもなんとかなる。手を抜くのがうまい人は、その加減がうまくできる人です。

ツボを見つけて「手抜き」上手になろう

では、手抜き上手になるにはどうすればいいでしょうか。

きっと、まわりにも手を抜くのがうまいと感心させられる人がいるはずです。あまり働いているようには見えないし、結構いい加減な対応をしているようなのに、なぜか評価は高く、成果を出し、とても手を抜いているようには見えない人がいるのではないでしょうか。

その一方で、同様に適当な態度で働いていて、社内の評価も悪い、成果も上げていないという人もいるはずです。その差はどこにあるのでしょうか。

答えはずばり、手を抜いてもいい部分の見極め方です。同じ手抜きでも、「ここだけは手を抜くべきではない」ポイントを見つけられるかどうかです。

手抜きの下手な人は、何もかも手を抜いてしまいます。そうすれば当然、仕事もできず態度も悪い。あいつはダメなやつだと、全方向から悪評を浴びることになります。

手抜きの上手な人はほとんどすべてのことに手を抜いていたとしても、大事なところだけは外しません。「ここだけはきちんとしておいたほうがいい」、逆に言えば「ここさえ押さえておけばあとはそれほど重要ではない」というツボを心得ているのです。

たまたま手を抜いているところを見た人たちからの評判は今ひとつかもしれませんが、それ以外の人から見るときちんとした成果を上げているので、決して手抜きに見えないし、上司からはよく仕事をやってくれているという評価になるのです。

すべての仕事をそこそこの熱量でこなすよりも、メリハリをつけてここぞというツボに努力を集中するというのが、手抜き上手になるための秘訣です。

目からウロコの秘策に学ぼう

たとえばセールスマンがなかなか売り上げが伸びない、頑張っても結果に結びつかないという悩みを抱えているとしたら、そのままただ頑張るのではなく、他の方法を探してみるべきです。

トップセールスマンの秘策が公開された本などを読めば、いくつかは参考にできそうなやり方が見つかるでしょう。そうしたら、とにかく試してみます。いろいろ試してみればおそらく今までと違う新しい道が見つかって、うまくいけば、「こんなに楽に商談がまとまるのか！」と目からウロコが落ちるように視野が広がるかもしれません。

他の人がやっているいい方法があれば、どんどん参考にさせてもらいましょう。たとえそれが年上でも、はるかに年下でも、自分の知らないやり方を知っている人からはどんどん新しい方法を吸収させてもらいましょう。

ゆるい生き方ができる人は、いい意味で要領のいい生き方ができる人です。世間からズルいと言われようとも、他人のやり方を真似ていると言われようとも、自分でいい方法を見つけて上手に手が抜ける人です。

いくらゆるく生きる、ゆるい仕事のやり方をすると言っても、完全隠居でもしない限り、それなりの結果を出さなくては話にならないのです。

スポーツの世界などその最たるものでしょう。どれだけ頑張ってコツコツ練習をしようとも、どのような結果を出したかがすべてです。だからこそ、より効率のいいやり方があるかもしれないとなれば、きっと即座に試してみるのでしょう。

自分がストレスを感じず、体にも負担をかけず、いい結果が出る可能性があるわけですから、手抜きと言われようが気にすることなどありません。

若い頃はひたすら頑張ることで乗り切ってきた人も、人一倍の努力で成果を上げてきた人も、年をとってそんなことをすれば心身に負担がかかるだけです。これからの人生がうまく回るために、いい手抜き法を身につけましょう。

仕事ができる人はうまい方法を知っている

私の知り合いで官僚時代に驚異的に仕事ができて、出世コースのトップを走っていた人がいます。その人に仕事の秘訣を聞いたところ、「和田さん、簡単ですよ」と言うのです。

上司から与えられた仕事をすべてやっていたら、いつまでたっても終わらない。毎日夜中まで仕事をしても終わらない量だそうです。ではどうするかというと、彼のやり方はまず2つ。

ひとつは、見込みのある上司から頼まれた仕事は一生懸命やるということです。一方で、おそらく出世しないと思う上司から頼まれた仕事は、できるだけやらない。見込みのある上司の仕事を手早くこなして成果を見せると、「さすがだね」と褒められて、その次もその人から仕事が回ってくるのだそうです。

一方、見込みのない上司から頼まれた仕事は、基本、手をつけない。「あの仕事はどうなってる？」と聞かれたら、「いや、こんな仕事ができるなんて皆さん優秀なんですね。とても私の手には負えませんでした」と答える。すると、仕方のないやつだということになって、その仕事はさっと他の人のところに回るのだそうです。

そしてもうひとつは、自分の得意な仕事に一生懸命取り組み、苦手な仕事は放っておくことです。すると、苦手な仕事は回ってこなくなって、得意な仕事ばかり回ってくるので「できる人」という評価を得られるというのです。

このような話を聞くと「それはズルい」と言う人が必ず現れるでしょう。ところが、そんな要領の悪い人たちはといえば、大して出世しそうもない上司のもとで、その人が手放した仕事の残務処理に一生懸命になったり、苦手な仕事と毎晩遅くまで格闘したりした挙げ句、体を壊してしまったりするわけです。

「2人の上司から頼まれた仕事を、片方だけ真面目にやって、もう一方は手を抜くなど許されないことだ」と思うようなタイプの人は、どうか考え直してみてください。

そもそも複数の上司が、部下の状況を把握した上でできるだけの仕事を振っているというわけでもないでしょう。与えられたことはきちんとやらなければならないという姿勢は一見美徳に思えますが、そもそもそれがオーバーワークだとわかるのも自分だけです。

会社にしても役所にしても、組織は全員で仕事を回してゆくところです。だから、得意なところ、おいしいところから自分の仕事にしてゆけばいいものなのです。

仕事にしても何にしても、すべてに100%の力を注いでいては潰れてしまいます。自分を苦しめることもなく、効率よくいい結果を出すことができるのは、うまい具合に手を抜けるゆるい人なのです。

苦手を克服するより得意分野で勝負

楽をすることは、サボることとは全く違います。サボって全く仕事をしないのはもちろん問題ですが、楽をするのは決して悪いことではありません。楽をしながらも、仕事そのものはきちんと評価されているのです。

知人の例のように、自分がすべきだと判断した仕事だけに力を入れて、自分に合わない仕事はやらないという手もあります。

先ほども触れたように、受験勉強はとかく合理的ではない根性論のようなものが幅をきかせることがあります。得意科目を伸ばすより、苦手科目を克服することこそが受験勉強の極意なのだと勘違いしている人もいます。

けれども、たとえば学校の入学試験であれば、合格者の最低点に達すればよいわけで、得意科目もあり、苦手科目もあり、点数のよい科目もあれば悪い科目もありで構わないのです。

それでも受験勉強の際は、得意科目を伸ばしながらも、ある程度苦手を克服することも必要になってくるかもしれません。けれども、人生においてはどうでしょう。これは、圧倒的に得意なものを伸ばしたほうが強いのです。

できなかったことができるようになるのは大切なことですが、苦手分野を克服することこそが成長の証というわけではありません。苦手を懸命に克服したところで、せいぜい並程度にしかなれないものです。

苦手な分野に悪戦苦闘している間に、得意分野であればどんどん成果を上げることができます。そのほうが自分にとっても楽であり、組織にとってもプラスになるとは思いませんか。

ゆるく生きるなら「80点主義」でいこう

「苦手分野を克服する必要はない」と並んで心がけたいのが「100点満点をとる必要はない」ということです。

日本人は基本的に真面目な国民です。その上、何事にも力の限り取り組もうと心がけるので完璧主義に近くなってしまいます。

けれども、完璧を求めてもそれを叶えることはたいてい無理なので、どれほど頑張っても挫折を感じる結果になってしまいます。

しかも、あれもこれもと手を伸ばした結果、肝心な部分が抜けてしまうことにもなります。テストでいうなら、常に100点満点を目指して勉強した結果、かえって合格点に届かなくなってしまうようなものです。

はじめから80点に届けばいいと思えば、数問は落として構わないので楽な気持ちでテストに臨むことができるでしょう。全体を見て、得意な問題から取り組もう、ここに時間をかけようなどと戦略を練ることもできます。できるところさえ押さえれば、あとは多少抜けても構わないのです。

ゆるく生きようといっても、もちろん0点でいいわけではありません。ただし、100点を目指す必要はない。だいたいの合格点レベルを目指す「80点主義」でゆとりを持って取り組めばいいのです。

第3章

いい人をやめる勇気

いい人がパワハラ上司に変わるとき

「あの人はいい人だ」「いい人になりたい」などというとき、一体、そこで意味する「いい人」とはどんな人なのでしょうか。

いい人と言ってまず思い浮かぶのは、真面目な人でしょう。真面目であることはいいことですし、勤勉であることももちろん素晴らしいことです。

けれども、真面目すぎる人は往々にして「かくあるべし志向」が強く、他の人に対しても同様の価値観を求めがちです。

自分に厳しいのは美徳だと捉えられていますが、他の人にもその価値観を押しつけると、まわりは迷惑することが多いのです。

たとえばブラック企業の上司とはどんな人だと思うでしょうか。部下に対して意地悪なくらいに仕事を押しつけたり、ひどいパワハラをしたりする人物を想像するのではないかと思います。

けれども現実は、意外にも真面目で一生懸命な働き者であることが多いのです。仕事には一生懸命取り組んで、できなければ夜は何時までても、休日を返上してでも働いて、成果を上げている人です。それだけ聞くと、とても立派ないい人だとは思いませんか。

その日できる仕事は終わるまで帰るべきではないし、休日も働くのがあたりまえ、ノルマは何がなんでも達成しなくてはならない。そんな価値観で成功してきた人は、自分ができたのだから誰にでもできるはずと、他人にも同じような献身的な働きを求めます。おそらく、それでも他人に厳しくしているつもりはないのでしょう。

一生懸命になるあまり、自分にも他人にも厳しくなって、その場の空気を悪くしてしまう「いい人」もいるのです。

人に嫌われることを恐れすぎない

いい人でいようとして、まわりの人に過剰に気を遣っている人もいるのではないでしょうか。相手の考えを先回りして気にしたり、深読みして悩んだりして、気疲れが絶えなくなりそうです。けれども、こちらが気にしていることを相手はそれほど気にしていないことが多いものです。

このくらいなら向こうは許してくれるかな、これくらいだったら大問題にならないだろうかという読みはまあまあ当たるものです。なぜなら、相手がそれほど気にしていないからです。

逆にこちらが相手にとっていいことをしたと思ったとき、少しは感謝してほしいと期待しても、全く気にかけてくれないことが多々あります。相手が喜んでくれるだろうという読みはなかなか当たりません。それも、相手はそれほど気にかけていないからなのです。

相手の反応は思惑通りにはいかないもの、「出たとこ勝負」くらいに考えておいたほうがいいでしょう。

「こんなことをしたら嫌われるのではないか」と、何かをする前から気にする人は多いのですが、「嫌う」というのはなかなかエネルギーが必要な行為です。いくら気難しい人でも、そうそうネガティブなエネルギーを出し続けてはいられません。

ただ、普段はあまり気にしなくてもいいのですが、気をつけなくてはいけないのは相手にとっての地雷を踏むことです。

ですから、その人が言われて嫌なのはどんなことか、どこに触れてはいけないのか、何が怒りの火種になるのかをきちんと見極めて、それさえうまく避けていればいいのです。

些事にこだわり大事を忘るなかれ

多くのことを気にかけて、どれもうまくやろうとしている人は、ここぞという大事なところで失敗してしまうという痛恨のミスを犯しがちです。

パニック障害や不安障害を対象とする治療法である森田療法に「些事にこだわり大事を忘る」という言葉があります。細かいことばかり気にしていると本当に大事なことを忘れてしまうという意味です。

たとえば対人恐怖症の人は、自分の顔が赤いということを気にするあまり、嫌われるから人に会いたくないと言ったりします。けれども人と会わないと、よけいに周囲から孤立してしまう。たとえ顔が赤くてもニコニコして、「自分はすぐ顔が赤くなってしまうんです」と伝えていれば、嫌われることはないでしょう。

本来、その人は嫌われたくないから顔が赤いのを直したいと思っているのに、気にするあまり、自ら嫌われるようなことをしてしまうのです。

つまり、地雷を踏むようなことで人から嫌がられる人、恨みを買うような人は、一般的に細かいことにはものすごく気をつけているのに、それぱかりを気にかけているために大事なところで失敗してしまうものなのです。

普段はとくに何も気にせず、「細かい間違いはあってもいいや」と思う。その代わり「これだけはしちゃいけない」ということに重点的に気を遣っていれば、大きなミスはないはずです。

ゆるく生きるためには、細かいことを気にしすぎるのをやめましょう。

医者にお礼を渡す人は舐められる

いつもニコニコ、決して怒らないお人好しな人のことをいい人と呼ぶこともあります。何を言っても嫌がらないし、何をしても逆らわない、便利で人畜無害な人ですが、人に一目置かれているかといえばちょっと違います。何の面白みもなく、認めるべきところもないというように、どちらかと言えばちょっとバカにしたようなニュアンスで使われます。

そんな人の例として私が思い当たるのは、医者にお礼を渡す人です。手術の前に、執刀医に金銭を渡すのが慣習だからとそうする人がいますが、私が考えるにそんなお人好しなことをしていては舐められるだけです。「この人はたとえ失敗したとしてもあまり嚙みついてこないだろう」と安心させることになりかねません。

医者に嫌われたら治療に手を抜かれるのではないかと怖がっている人は多いのですが、はっきり言えば、嫌われてもいいではありませんか。医者と仲良くしたいのでしょうか、それともいい治療を受けたいのでしょうか。

治療の内容について根掘り葉掘り聞く人、薬の副作用についていろいろ尋ねる人は、確かに医者から面倒な患者だと思われるかもしれません。その代わり、もし手術で失敗して訴えられでもしたら大変だと思うので、真剣にならざるを得ません。患者としては嫌われたとしても、決して手を抜いてはいけない相手だと思われて、本気になってくれます。

一方で、医者の言うことをよく聞いて、なんでもそのまま受け入れる人は医者から見れば都合のいい人で、悪く言えば舐められるだけです。おとなしく医者の言うことだけを聞いているのが、いい結果になるとは限りません。

医者に嫌われてはいけないと思う時点ですでに損をしています。嫌われてもいい、医者をビビらせるくらいにこちらも真剣味を見せないと、しっかり真面目にやってくれないと考えておけばいいのです。

少し前、ある大学病院で肝臓などの手術を受けた患者が立て続けに30人も亡くなるという事件がありました。当初は8人と報道されたのですが、その後同じような例が続々と見つかり、とうとう30人にまで及んでいます。

遺族たちが「まさか医者に落ち度があろうはずがない」「あとで異議を唱えるのは潔くない」と、不審に思ってもおとなしく結果を受け入れるいい人になった結果、なかなか事件が明るみに出ることはなく、次々と犠牲者が出てしまったのです。おかしいと思った遺族がすぐに訴え出ていれば、ここまで被害は広がらなかったのかもしれません。

いい人が世の中の空気を息苦しくする

このように「いい人がかける迷惑」というのは困りものです。コロナ禍での規制にしても、いい人が医者の警告に素直に従ったから、いつまでもなかなか終わらなかったのではないでしょうか。その結果、さまざまな弊害が今でも残っているのではないかと思います。

相手に気を遣うとか、自分のルールを曲げないとか、いろいろなことを我慢するとか、そうやって自分にゆるくなれない人たちは、繰り返しになりますが、自分を生きづらくしているだけではなく、世の中をも生きづらくしているのです。

頑なにシルバーシートに座らない人がいます。自分はまだ65歳になっていないから座るのは悪いことだと感じるのかもしれませんが、体調が悪いなら座っていいし、そもそも空いているなら座ったほうがまわりの邪魔にならないこともあります。絶対にルールを守らなければいけないという考え方は、体調が悪い他の人たちを苦しめていることにもなるのです。

ゆるくなれずに「自分はルールを守るいい人だ」と思い込んでいる人は、世の中に重苦しい空気を蔓延させている張本人であることに気づいていないだけかもしれません。

目の前の人が怒り出したらまず謝っておこう

人に嫌われないよう日頃から気を遣っている人は、勝手にまわりの人の気持ちを予想して、こんなことをしてはいけない、あんなことをしてはいけないと思い込んでいます。そして、自分に枷《かせ》をはめます。

勝手に枷をはめている人は、自分はこれだけ気を遣っているのだから人に失礼なことは絶対にしていないと自信を持っています。

ところが、そこまで気を遣っていたとしても、迂闊に発した一言が人をカッとさせたり、イラッとさせたりすることは起こります。けれども当人はそれに気づかず、なぜこの人は不機嫌になったのだろう、なぜあれ以来連絡が来ないのだろうと不思議に思うのです。

どんなに気を遣っていたとしても、怒る人は怒りますし、怒るときは怒ります。

怒るのは他人なので、いくら気を遣っても防ぎようがないことはあります。

それよりも重要なのは、相手が怒ったり、イラッときたりしたのを察知して素早く素直に謝ることです。

もしかしたら、相手がおかしな人だということもあるでしょう。けれども今のご時世、たまたま縁を持ってしまった相手に大きな難点があったとしても、そこできっぱり拒絶することで恨みを買ってしまう危険は大いにあります。

たとえば、たまたま仲良くなった人がとんでもないパーソナリティ障害だった、ストーカー気質だったと、後々判明したとしましょう。正当な理由ではないにしろ、相手の怒りを買ってしまうと、その後、つきまとわれたり、ストーカー行為をされたり、怖い思いをするかもしれません。

そういう人を怒らせた結果、怖い思いをするのはこちら側です。たとえ、自分が悪くなかったとしても、そんなときはまず謝っておく。なるべくおとなしくしてもらって、怒りの矛先が自分に向かわないようにする努力は必要だと思います。

「人に嫌われないようにする」は叶わない望み

いい人でいたい、人から好かれたいと思うと、すべての人から好かれたい、嫌われたくないと思ってしまうかもしれません。けれども、現実には全員に好かれるなど絶対に無理な話です。「人に嫌われないようにしよう」というのと、「人が嫌がることをやめよう」というのは、似ているように見えて全く違うものです。

「人が嫌がることをやめよう」というのは、自分の力だけでできることです。相手のことを考えて、これはしてはならないと思ったらやめればいいだけの話です。

けれども、「人に嫌われない」というのは、自分が頑張ったからといってどうなるものでもありません。誰かの嫌がることをしないようにしても、それがかえって気に食わないという人もいます。

そもそも、嫌いになる理由はさまざまです。顔が気に入らないとか、東大出だから気に食わないとか、自分の力の及ばない理由で嫌われることもあります。外からは窺い知れないコンプレックスやトラウマに関わっているとすれば、もはや打つ手はありません。

話は少しそれますが、「人にわかるように話をしよう」というのも同じようなことです。「わかりやすい話をしよう」「難しく語るのはやめよう」と努力することはできますが、それによって相手がこちらの話をわかるかどうかは全く別の話です。ですから「話せばわかる」は絶対ではありません。わかりあえる相手がいたらラッキーくらいに考えておいたほうがいいでしょう。

正義のバッシングでいい人が怖い人になる

最近、SNSの炎上が社会現象になってから、他人に対してどんどん厳しい意見をぶつける人が増えてきたように感じます。

自分に本来関係のないことでも、つい首を突っ込んで、断罪した気になってしまうと、一瞬気分がよくなるのかもしれません。けれどもその分、自分にも厳しくなってしまうのです。

前にも触れましたが、教師が借金を苦に殺人を犯したとされる事件では、学校に通う子どもたちの心のケアが大事だと言われていました。けれども、もっと大切なのは殺人を犯したと報じられた人の3人の子どもではないでしょうか。

父親が殺人を犯したということを子どもが知ると、激しいトラウマになります。それほど大きすぎる傷を抱えているのに、まわりからは犯罪者の子どもだといじめられてしまったら、そのせいで心が弱くなったり、性格が歪んでしまうかもしれません。その結果、将来、心の弱さを支えきれず罪を犯してしまうかもしれないのです。

そうすると、「犯罪者の子どもは犯罪者だ」という人が必ず出てきます。けれども、そうでしょうか。子どもが罪を犯したとしたら、それはその子どもをいじめて精神的に追い込んだ人たちもその一因だと考えるのが、精神医学的には妥当なものです。

子ども自身には何の罪もありません。けれども、加害者家族は、ある意味加害者本人よりも直接的に追い詰められてしまいます。ネット上でのバッシングも激化しています。その結果、加害者家族が自殺したり、引きこもったり、精神に異常をきたしたりという例も少なくありません。

日本は加害者家族に厳しい国だとも言われます。海外ではそのためのサポートが充実していて、家族が社会的に追い詰められたり、子どもが絶望から犯罪に走ったりしないような態勢が整っているところもあります。

ネットでのバッシングを繰り返す人たちは本来、全くの他人です。それなのに、加害者の家族まで非難することで自分が正しいことをしているような気になっています。おそらく、自分たちのことをいい人だ、いいことをしていると思っているのでしょう。

実際には、その考えが責任のない人を追い詰め、ときには死に至らしめることもあるのです。それをきちんと認識すべきです。これが、「いい人は本当は怖い人」のひとつの例です。

人間にはいいところと悪いところがあるのが普通というあたりまえのことを忘れて、悪いことをした側にいる人は叩いていいと勘違いしてしまう。その背景にある、完璧を求める心理から楽にならないといけない、と私は信じています。

人に頭を下げるのは負けじゃない

人に頭を下げるのに抵抗がある人も多いのではないでしょうか。

関西人にはそのあたりをゆるく考えている人が多く、「頭下げるのはタダ」という考え方があります。頭を下げてうまくいくならいいじゃないか、おトクじゃないかという考え方です。

頭を下げられて嬉しくない人はいないはずですから、これはうまく使ったほうがいいでしょう。

以前、韓国で日本の元首相が土下座したことが話題になって、国内ではかなり叩かれたことがありました。けれども、私が海外の人に聞く限りでは、好意的に受け取られているようです。頭を下げることができるのはとても立派な人だ、という評価もありました。

一方で、頭を下げるなどとんでもない、という考え方もあります。中国や韓国に弱みを見せてはいけない、常に偉そうにしている必要があるという考えのようです。けれども関西人にしてみれば「頭を下げて外交がうまくいくならそのほうが賢いではないか」となるわけです。ODAにお金を使うとか、武器を購入するとか、そういう行為は一切なく、ただ頭を下げるだけでなかなかの効果を上げることができるのですから、まさにおトクです。

謝罪外交を嫌う人も多いのですが、外交のためのひとつの手段だと考えるとなかなか合理的です。まず土下座をして謝罪の姿勢を示すものの、何も失うことはない。

これはなかなか鋭い大人のやり方ではないでしょうか。

頭を下げない大阪が貧しくなってゆく

私も関西人なので、「頭を下げるのはタダ」と思っているほうなのですが、大阪の様子がこのところちょっと不穏です。

大阪の府知事や市長が替わってから、あまりインバウンドが来なくなったらしいという話を聞きます。福岡や京都など、他の地域にはどんどん増えているというのにです。

このところの大阪の知事や市長といえば、公共事業を行っている建築関係者の息子や弁護士などです。お上にさえ頭を下げていれば、客に頭を下げる必要のないような政治家たちがトップに立っています。

そんなトップだから、潔く頭を下げる外交ができないのではないかと思います。それを続けていては、インバウンドはますます期待できなくなるかもしれません。

こんな調子で、大阪だけどんどん貧しくなってしまったらどうするのでしょうか。結局、状況を見てサッと頭を下げることのできる身軽な人のほうが、話をうまく進めることができるのではないでしょうか。

物事を勝ち負けで考えず結果で得をする

物事をすぐに勝ち負けで考える人がいます。けれども、その場の勝ち負けで考えると、たいてい損することになります。もっと長い目で見て、結果的に得するかどうかを考えなくてはなりません。

日頃から、誰かに頭を下げないですむようにということに気を遣っている人もいます。でも、生きていれば誰かのお世話になったり、誰かにちょっとした迷惑をかけてしまったりするのはあたりまえ。「ありがとう」でも「ごめんなさい」でも、頭を下げればすむものは、いくらでもあることです。

だから、何かをする前に「誰かの世話にならないよう」「迷惑をかけないよう」と考えすぎるのは意味のないことです。普段は楽に自分の好きなようにやってみて、何かうまくいかなかったときにはさっと頭を下げられる人になったほうがずっと効率がいい。頭を下げることは恥ずかしいことでもなければ、自分の価値を下げることでもありません。むしろ、さっと頭を下げられる人のほうがずっと賢い。

謝ることは自分のプライドを捨てることと思い込んでいる人もいるかもしれません。でも、そんなプライドは薄っぺらくて意味のないもの。もしそれがプライドだと考えているなら、そのプライドには何の意味もありません。
本当のプライドを守るために、頭を下げることもあるのです。

謝罪外交ができないのは小人物の国

小さなプライドやメンツが邪魔をして、ゆるくなれない、人に対しておおらかになれないという人も多いでしょう。それを解消すれば間違いなくうまくいくとわかっていても、捨てられない人がいます。

「金持ち喧嘩せず」「衣食足りて礼節を知る」と昔から言われるように、金銭に余裕があると礼節が備わって心に余裕も生まれるのでしょう。

日本も高度成長期の豊かだった時代は、そういう風潮があったのではないでしょうか。

当時は、外国に対して謝罪外交をしても怒る人はあまりいませんでした。国が潤っていて、国民の心も豊かだったので、謝ることに対して抵抗がなかったのでしょう。

ところが、今はどうでしょう。日本という国にそれほどの勢いがなくなってくると、どうも頭を下げるのは気に食わないという空気が漂ってきました。

タカ派的な言動が目立つようになり、自分たちは悪くないとばかり主張しようとします。日本という国が、いつしかつまらない小人物の国になってしまったようです。

小人物ほど頭を下げないのは、人間関係と同様です。私が今の日本の強気外交を残念に思っているのは、自ら小人物になっているようにしか見えないからです。

人間は、気持ちに余裕がないと頭が下げられません。よその国に頭を下げたら負けだと思っている人、意地を張って頭を下げない人は、おそらく北朝鮮のように自分自身に余裕がないのでしょう。素直に謝ればいい、ただそれだけのことができないのです。

ただしここで大事なのは、頭を下げることと迂闊な約束をすることは違うということです。

外交でもそうです。諸外国に頭を下げて謝ることはどんどんすればいいと思っていますが、その勢いでこれこれをお約束しますとか、金銭をお支払いします、これだけの借款を行いますと言ってしまってはいけない。それは全くの別問題です。

本当のプライドは心の中にある

謝罪外交、私は大いに結構という考えですが、今は確かに強気外交をしていたほうが票になるという事情もあるのでしょう。

私がもし政治家の立場だったら、有権者にはっきりとこう言います。

「外国に頭を下げると確かにあなた方のプライドが傷ついたと感じるかもしれません。けれども、ここで実利を得て、国として強くなるほうがためになると思います。どうか応援してくれませんか」

けれども、頭が下げられない人にこのような話をしても、なかなか納得してくれません。頭を下げられるようになったほうが、人間としては成長できるし、まわりからの評価も結果的には高まる、人間関係もうまくいって、人生が楽になることをわかってもらうしかないのです。

プライドは、自分の心の中にあるものです。「頭を下げるのはタダや」という大阪商人は決してプライドを捨てているわけではなく、こうやったほうが儲けられる、賢いやり方だと考え、そのプライドを守るために頭を下げるわけです。「貧乏そうな客にも頭を下げればお客さんはついてくる」という商売の基本に基づいた一流のプライドなのです。

大阪商人に学ぶ「腹の中の自由」

祖母が大阪商人だったので、私は小さい頃から「頭下げるのはタダ」とか「世辞食わんアホはいない」というような話を聞いて育ちました。世辞というのはお世辞のことで、「誰だって褒められたら嬉しいのだから深く考えずに褒めておいたらええんや」ということです。

お世辞は悪いことのように思われるかもしれませんが、その本質はとても効果的な世渡り術です。腹の中ではそれほどではないと思っていても、相手を立てて、相手を褒めるわけですから、自分のプライドを売っているわけではありません。

表の態度に出る部分とは違い、腹の中では何を思っていても自由です。腹の中では「こいつアホや」と思っていても一向に構いませんが、それを口にしてしまえば問題になる。「こいつ殴ったろか」と思うのは勝手ですが、迂闊に手を出しては犯罪になります。

このような「腹の中の自由」がとても重要だと私は考えています。

たとえば、他の国に対して「あの国は言論の自由がないかわいそうな国だ」と考えることもあるでしょう。けれども、確かに公に言論の自由はないかもしれないけれど、それぞれの人が「腹の中の自由」を持っているのです。

元首が替われば情勢も変わるということは往々にしてあるわけで、そうなると「社会情勢が変わるまではこのままじっとしておこう」「次の時代に備えよう」と考える自由があるのです。

たとえ本心では今の情勢を批判したいと思っていても、それが得策ではないと考えれば、表向きはおとなしく従っておく。「自分は魂までは売らない」と考えれば、表面的なことはある程度我慢できるものです。

人間関係でも同様のことはあると思います。たとえば誰かに従わなくてはならない場合、真面目な人は、表裏なくそう考えなくてはならないと考えがちです。

けれども「ここは嫌われたくないから笑っておこう」「この人は敵に回さないほうがいいから頭を下げておこう」ととりあえず適当に話を合わせて、ヘラヘラ笑ったり、ペコペコ頭を下げておけばいいではありませんか。

ただし、今はこの場に合わせて無理のない態度をとっているけれど、本当の自分はこう考えている、本当はこうしたいというように、しっかりと「自分の意見」を持っておくことは忘れてはいけません。

外では隠していても本音は本音のままでいい

まわりに合わせることがいい人の条件だと考えて、人間関係では何より人に合わせることが主目的になっている人は、自分の本音は殺さないといけないと考えているかもしれません。でも本音は本音のままでいい、変える必要は全くないのです。

外で人づきあいをしているときは多少息苦しい思いをするかもしれませんが、家に帰ったときや、本音で話せる親しい人といるときにはずいぶん楽になるでしょう。人間誰しも表と裏があって当然です。それを悪いことだと考える必要などないのです。

たとえば子育てをしているときに、「○○ちゃんてほんとバカなんだよ」と子どもが親に訴えたとしましょう。そんなとき、親はどう反応するのがいいのでしょうか。「いやいや、そんなこと言うもんじゃない」とまず否定したりはしないでしょうか。

そんなうわべの言葉では、子どもも納得しないでしょう。まずは、「確かにあなたの言う通り。あなたのほうが賢い」というように、子どもの言うことをそのまま受け止めるべきです。

その上で、きちんと話をするのです。「でも、学校でそう言ったら角が立つでしょ。だから、外で言ってはダメ。うちでだけ言いなさい」

これが正しい子育てだと思います。子どもの本音を受け入れないと、家で子どもが本当のことを言わなくなってしまいます。

本音はあっていいけれども、外でそれをそのまま言うと自分が損するだけだから、言わないでおくほうが賢いと教えるのです。そうすれば、本音と建前があるのはあたりまえという感覚が自然と備わるでしょう。

本音と建前はあってあたりまえ

そもそも、本音と建前があってあたりまえなのに、なぜかあってはいけないという風潮も見受けられます。それは、誰もがいい人でいようとする結果かもしれません。

子育て中の親の立場としては、何があっても自分はあなたの味方だという姿勢を子どもに示すのが最も大切なことです。

たとえば、子どもは「あいつのこと殺してやりたいくらい憎い」と言うかもしれません。そんなときでも親はビビってはいけません。

「そうかそうか、まあそう考えることもあるわな。そいつは多分悪いやつなんだろう。でも殺したらいけない。自分が損するだけなんだから」と落ち着いて諭せばいいのです。社会に出れば本音と建前があってあたりまえなのですから、子どものうちからそれをわからせたほうがいいと私は考えています。

そこで「そんなこと言っちゃダメでしょ」「そんなこと言うなんてあなたのこと見損なったわ」などと子どもを非難してしまうと、子どもは親に裏切られたような気がして、信頼できなくなってしまいます。あるいは、「自分は心の中も悪いダメな子なんだ」と思いかねません。

親が子に対する姿勢はとても大事です。たとえば子どもが仲間はずれにされたときも、「どんなことがあってもあなたの味方でいる」と言うか、親がビビって「みんなと仲良くしないとダメでしょ」「ちゃんとまわりに合わせなさい」と言ってしまうかで、子どもがまわりに合わせるだけの人間になるか、苦境にあっても自分自身を見失わない人間でいられるかが決まるかもしれないと思っています。

「偽りの自己」は悪者ではなかった

確かに、本音通りに生きられる人がいるとしたら幸せです。よほど恵まれている子どもとか、よほどの天才だったら、もしかしたら本音通りに生きられるのかもしれません。

けれども、普通はそうはいきません。仕方なく表に出すのを控えるけれど、その代わり自分の心のどこかにしまっておく。そうすることで、職場など自分を取り巻く環境が変わって、建前が変化したとしても、一貫して自分が自分自身でいられるのです。

ドナルド・ウィニコットという精神分析学者は、そうした本音を「真の自己」(true self)、まわりに合わせる自分を「偽りの自己」(false self) と呼んでいます。

ウィニコットは、「偽りの自己」がいけないのではなく、それしかなくなることがいけないのだと言っています。つまり、「偽りの自己」はあっていいのです。

けれども、「真の自己」はなくてはいけない。そして簡単に変えてはいけないものです。もちろん、心の成長に従って本音が変わっていくことはあるでしょう。人にいい顔をするのは面倒なだけだと考えていた人が、やっぱり人に優しくすると得だなと気づくかもしれません。和田秀樹がこんなことを言って最初は何だよと思っていたけれど、いや、よく考えれば確かにそうかもしれないと納得できたというのであれば変えて構いません。

けれども、そういう実感がないのに状況に応じてコロコロと変えるものではないのです。

「それでも自分は自分に嘘をつきたくない」と、真面目な人ほどそう言います。けれども、それでうまくいかないことがあるのなら、その縛りをちょっとゆるめて、「本音と建前は違っていいじゃないか、自分がそれをわかっているんだから」と思えるようになったほうが、楽に、気持ちよく生きることができるものです。

「嘘も方便」の嘘は「嘘」じゃない

「嘘も方便」とはよく言いますが、方便としての嘘は嘘ではないことが多いものです。何もわざわざ相手を傷つける必要はないでしょう。

たとえば私は、かつて、ある出版社に原稿を渡した際、そこの偉い人から「ひどい原稿だ」とはっきり言われたことがあります。あまりにもはっきり言うのでそのときはこちらがびっくりして、いや、もう少しうまい言い方をすればいいのにと気遣ってしまったほどです。

「せっかく素晴らしい原稿を持ってきていただいたんですが、会社がうるさくてウチから出すことは難しそうなんですよ」くらい言っておけば、こちらとしても静かに察することができますし、お互いに無駄なエネルギーを使わずにすむとは思いませんか。結局、その出版社からは私が売れるようになってからも仕事は断っています。その原稿は他の出版社から無事出版することになりました。

「嘘も方便」はゆるくてうまい会話術のひとつです。本音と違うことを言う自分を責める必要はないし、相手も自分もそれによって救われることがあるでしょう。

外見と内面が一致するとは限らない

気に入らない上司がいるけれど、社内的には立てておかなくてはいけないこともあるでしょう。けれども、実際にその上司を尊敬しなくてはいけないかというと別問題です。

気に入らなくても頭を下げて、笑顔で立てるのは、自分が主体性を持って行動しようとやっていることで、自分に嘘をついているわけではありません。自分の信念のためにうまく立ち回っている、上質なお芝居をしていると考えればいいのです。

謝罪会見などがそのいい例です。ほとんどの人は、「ここは頭を下げなくちゃいけない場面だから仕方ないよな」と思ってやっているのでしょう。

けれども、人間は外に見える姿と内側が一致していなくてはいけないと思っている人が謝罪会見を見て「心がこもってない」「やる気がない」と批判したりします。自分がやったわけでもないのに謝らなくてはならないときなど、心がこもっているわけないじゃないかと思うのが普通ではないでしょうか。

ただ、せっかくお芝居だと思ってするなら、やっぱり下手な芝居をするべきではないと思います。謝罪会見なのにヘラヘラして見える人は、自分こそ腹を立てているのにとふてくされているか、見え見えのお芝居への照れ隠しなのか、真剣に演じていないのがバレバレでみっともない。お芝居をやると決めたなら真剣にやってくださいよ、と言っておきます。

第4章

健康をゆるく考える

健康診断の結果に一喜一憂しない

人間ドックや健康診断はいつまでも元気でいるために絶対必要だと考えて、毎年、真面目に受けている人は多いでしょう。そして、その結果に一喜一憂していないでしょうか。

血圧、コレステロール値、血糖値などにもしも異常が出たら健康から遠のいてしまったと考え、無理に生活を変えようとするかもしれません。けれども塩分を控えなくてはいけない、脂っこいものを我慢しなくてはいけないと自分を縛ってしまうと、食べることが楽しくなくなって、生活が味気なくなってしまいます。

結論から言えば、健康診断の数値をいちいち気にする必要はありません。すべての結果が正常である必要などないのです。

たとえば、１４０だった最高血圧が１５０になったとします。血圧を下げなくてはとプレッシャーに感じるかもしれませんが、その数字だけではどのくらい悪いことが起きるかはわかりません。

そもそも、血圧は1日の中で簡単に上下するものですし、状況によっても、季節によっても変動することがわかっています。それなのに真面目すぎる人はちょっと高くなっただけで、「さあ大変」と慌ててしまいます。

問題なのは数値そのものではなく、今、体の中で何が起こっているかです。たとえば、コレステロール値や血糖値が高いとなぜよくないのか。数値そのものが問題なのではなく、コレステロール値が高いと血管に炎症が起こりやすくなるとされ、血糖値が高いと動脈硬化を起こしやすくなるからです。

動脈硬化が進行すると、心筋梗塞のリスクが高まります。つまり、心筋梗塞で突然死を起こすリスクがあるのなら、心臓の冠動脈が狭くなっているかどうかを調べればいいのです。

その結果、心臓の冠動脈が狭くなっていることがわかれば、ステントという金属製の筒のような器具を入れて細くなっている部分を広げる治療を検討するのが正解です。

数値を気にしている人は、それが正常値だったら安心してしまい心臓の血管までは調べないでしょう。けれども、いくら検査結果が正常であっても心筋梗塞が起こるリスクはあります。血液検査は、リスクを予測するためのひとつの手段に過ぎません。

検査結果の数値が異常になると、その数値に対して「生活習慣を改善しましょう」「薬を飲みましょう」となるのが普通です。けれども、本当にリスクを回避したいのであれば、心臓の血管を調べればいいことになります。

実際にどうなっているかもわからないのに、食べたいものを我慢したり、体に合わない薬を飲み続けたりする必要はないのです。

健康かどうかは数値ではなく自分が決める

健康かどうかは、検査結果が決めるものでもなく、医師が決めるものでもなく、自分自身が決めることだというのが私の考えです。「あれはダメ」「こうしなくちゃダメ」と厳しく考えるよりもまず、自分の体と心が快適だと思うことを大切にすべきです。

そもそも健康とはどんな状態でしょうか。

私は現在、最高血圧が170くらい、血糖値は300くらいです。健康診断の基準値に照らし合わせてみれば、健康ではないことになるでしょう。けれども、毎日元気で、非常に忙しく仕事をしています。

さらに心不全という病気を抱えているのですが、治療のために利尿剤を飲んでいるためにすこぶる調子がいい。トイレは近くなっていますが、人より速く歩くし、目の前の信号が青から変わりそうになったら走ります。そのくらいのことはあたりまえにできています。

そんな状態を「病気」というのか、それとも「健康」というのか。それは、本人の考え方次第ではないでしょうか。

自分は深刻な病気を抱えていてもはや完治は望めない、健康ではないと思って生きる人もいるでしょう。

けれども、検査結果の数値は正常ではないし、いろいろな病名もついているけれど、それでも毎日を元気に過ごすことができているから健康だと思えば、その人は健康なのです。

どちらがいいと思うか、どちらの人生を生きたいかということにかかっているのです。

平均寿命と健康寿命の間にあるもの

男性81・05歳、女性87・09歳。

これが、厚生労働省が発表する2022年の男女別の平均寿命です。

そして、男性72・68歳、女性75・38歳。これは、2019年の男女別の健康寿命です。

健康寿命とはどのようなものでしょうか。厚生労働省ではこれを「健康上の問題で日常生活が制限されることなく生活できる期間」と定義しています。

平均寿命と健康寿命との差は、男性で8・37年、女性で11・71年です。この差は、厚生労働省によると日常生活に制限のある「不健康な期間」ということになっています。

そう聞くと、男性は72歳、女性は75歳でもう、自由に動くことのできない、介護が必要な状態になってしまうのかと不安に思うのではないでしょうか。男性でおよそ８年、女性ではおよそ12年もの間、寝たきりだったり要介護だったりという不自由な生活を強いられるのかというイメージを持つ人も多いと思います。

けれども、実際にはもっと元気そうな70代や80代が多いように感じませんか。そう、この健康寿命という数字は、かなり曖昧な算出方法によるものなのです。

知られざる「健康寿命」の正体とは

健康寿命のもとになっているデータは、厚生労働省による「国民生活基礎調査」です。これは、全国の世帯から無作為で抽出した世帯を対象に、３年に一度行われる大規模な調査です。

その中の質問に「あなたは現在、健康上の問題で日常生活に何か影響がありますすか」という項目があります。これに「ある」「ない」で答えるわけですが、「ある」という回答が「不健康」、ないという回答が「健康」ということになるのです。いわば、アンケートのような感覚です。

もし、自分がこの調査の対象者になったと仮定して考えてみてください。「健康上の問題」と問われたら、ある程度の年齢になれば、軽いものまで含めれば何かしらあるのが普通でしょう。それによって何か影響があるかと問われれば、「ないこともない」と考えるのではないでしょうか。

日常生活に影響があるかないかを判断するのは、あくまでその人本人です。つまり「あなたは現在、健康だと思っていますか」という意識を問うアンケートに過ぎないのです。

そうなると、どんな境遇であっても「自分は健康」と思える人は健康寿命が長いことになりますし、逆にちょっとした不調で心配になったり、大事をとりすぎたりすれば、健康寿命はそこで尽きてしまうことになります。

たとえば私のように、60代で高血圧、高血糖、心不全を抱えていて、これが日常生活に不都合があると思えば、この年にして健康寿命がやってきてしまったことになります。

けれども、こんな状態を80歳まで続けていたとしても、仕事もできるし、毎日の生活に不自由はないから健康だと思えれば、私の健康寿命は一気に80歳まで延びることになります。これほど、主観的なものなのです。

つまり、健康寿命とは「自分が健康ではないと思い始める年齢」ということです。健康寿命の正体は、その程度のものなのです。

健診を受けずにいれば「知らぬが仏」の健康に

現在の日本では、企業や組織は働く人たちに向けて、年に一度、定期健康診断を実施することが義務づけられています。この制度が始まったのは1972年、労働安全衛生法が制定されたことによるものでした。

男性は企業や組織に属していることが多いため、その恩恵に浴し、定期的に健康診断を受けてきました。ところが、平均寿命に近い現在80代の女性たちは専業主婦やパート勤務が多いため、定期的に健康診断を受けてきた人が少ないのです。

健診を受けてきた男性たちは、結果に異常があれば指導を受けます。「あなたは血圧が高い」「血糖値が高い」「コレステロール値が高い」と言われて、薬を飲まされたり、生活指導を受けたりして、毎年チェックされます。けれども、それが長生きにつながっているのでしょうか。

もし、本当に健康診断が健康のために役立つのであれば、長年健康診断を受けてきた男性の平均寿命は延びて、女性の平均寿命はさほど延びないのが自然です。

なのに現実はといえば、1972年には男性の平均寿命が70・50歳、女性が75・94歳と、男女差が約5歳だったのに、今では約6歳に広がっているのです。

健診制度が始まった50年前よりも差が開いているのはどうしたことでしょうか。

つまり、検査結果が異常であったとしてもそれを知らずに生きてきた女性のほうが、結果として長生きしていることになるのです。このように「知らぬが仏」の健康ということもあるのです。

高齢になれば誰にだってガンがある

私はかつて、東京都杉並区にある浴風会病院という高齢者医療を専門とする病院に勤務していたことがあります。そこでは、年間100例ほどの亡くなった高齢者の解剖をさせていただいていました。その結果、わかったことのひとつは「85歳を過ぎるとまず全員にガンがある」ということです。

けれども、私が解剖した彼らは皆がガンで亡くなっているわけではありません。

ガンが直接の死因だったのはその中の3分の1ほどで、他の人たちの多くは、自分にガンがあることなど知らぬが仏で亡くなっているのです。つまり、その人たちは調べなかったからこそ最後まで自分がガンだとはつゆ知らず、つらい治療で苦しむことなく亡くなっているのです。

医者にかかれば健康になれると信じている人は多いと思いますが、そうとは限りません。このように、知らぬが仏でいるほうが苦しむことなく、健康に生きられるかもしれないのです。

健康診断の結果を気にするだけでもかなりのストレスになるでしょうし、血圧や血糖値を下げるために薬を飲み始めると、全員とは言わないまでもかなりの確率で頭がフラつくなどの悪影響があると訴える人が出てきます。

治療を始めれば、好きなお酒を我慢しなくてはいけないとか、塩分を控えるために味気のない食事にしなくてはいけないとか、さまざまな制約が必要になることもあります。

制限しなくてはいけないと自分に厳しくすることがストレスになったり、食事のたびに明るい気分になれなくなったりということが、免疫機能を下げる要因になることもあります。すると、血液検査の数値そのものはよくなったけれど、他の部分で病気になってしまい、命に関わるという可能性もあるのです。

血圧を下げる薬を飲むと何が起こるのか

人間、誰しもいずれは１００％の確率で死を迎えます。早いか遅いかの差はあるものの、誰にも等しく死はやってきます。たとえいつそれが訪れたとしても、それが自分の天命、つまり天から与えられた寿命なのだと受け止める覚悟をしておくことは大事なのではないかと私は考えています。

毎年、定期健診やガン検診を受けていれば本当に長生きできるのかといえば、残念ながら日本ではそのようなデータはありません。健診が本当に健康のために役に立っているのかどうかは、誰にもわからないというのが実情です。

たとえば、アメリカで行われたこんな大規模調査があります。最高血圧が160mmHgの70歳の人を対象に、降圧薬を飲んだ群と飲まなかった群に分けて、その後、どのくらいの率で脳卒中を発症したかを追跡した調査です。

その結果、6年後までに脳卒中を発症した人は、降圧薬を飲まなかった群で10%、飲んだ群で6%という結果でした。さて、この数字をどう見るかです。

毎日、薬を飲み続けていても6%は6年間のうちに脳卒中を発症してしまいます。飲まないでいると、10%が脳卒中を発症します。つまり脳卒中になる確率は4ポイント下がります。

しかしながら薬を飲まなくても、90%という大多数の人は脳卒中になりません。そして、毎日真面目に薬を飲み続けていたとしても、運に恵まれなかった6%の人たちは脳卒中になってしまいます。

薬を真面目に飲む人たちの多くは、きっと塩分を控えたり、脂質を摂らないようにしたり、頑張って運動したりと、生活も真面目にコントロールしていたのでしょう。それでも6%の人たちが脳卒中になってしまうのです。

誤解のないようにつけ加えておくと、脳卒中になる確率を10%から6%に下げるというのは、臨床的にかなり意義のあることです。けれども、決してゼロになるわけでもなければ、半減するほどでさえないのです。

その差はおよそ4ポイント、それをどう捉えるかは人それぞれです。少しでもリスクを下げる手段があるのを喜ぶか、薬を真面目に飲んでも結局、運には勝てないと捉えるか、です。

「誰にも天命があるのだから病気になったらなったで仕方ない」といういわば開き直りにも似た覚悟を、60歳を過ぎたら、いつかは受け入れる準備をしたほうがいいと私は考えています。

ガンで亡くなるのはガンの治療を受けた人

ガンに関しても同様のことがいえます。治療することによって余命を延ばすとか、死亡率を下げることはできるかもしれませんが、結局のところ、手術を受けようが、化学療法を受けようが、やはり多くの患者さんが亡くなっている事実に変わりはありません。

現在、ガンは日本人の死因のトップですが、死因がガンとされた人の中で全くの未治療で亡くなった方はほとんどいないでしょう。先ほども触れたように、高齢で亡くなった人を解剖してみるとガンが死因だったと後でわかることはありますが、日本で解剖はほとんど行われていないので、たとえそれが原因だったとしても死因には含まれていません。

つまり、ガンが死因で亡くなったとカウントされる人は、そのほとんどが、治療を受けたにもかかわらず治らなかった人ということになります。

治療を受けずにガンで亡くなっている高齢の方は、老衰にカウントされていることも多いでしょう。

老衰というのはいい死に方とされています。死因は老衰ですと告げられれば、残された側もいい死だったと温かい気持ちになるものです。つまり検診を一切受けずにある一定の年齢まで生きれば老衰になれるということでもあります。

ちなみに現在、日本人の死因の第1位は悪性新生物、つまりガンで、第2位は心臓疾患、第3位は老衰、第4位は脳血管疾患となっています。

老衰は、2018年、かつてはトップだったこともある脳血管疾患に代わって第3位にランクインしました。年齢別でいえば、老衰は80から84歳で4位。85から89歳で3位。90歳以上では堂々の1位です。

病院に通わないと寿命が長くなる不思議

「夕張パラドックス」という言葉が話題になったことがあります。

２００６年、北海道夕張市は財政破綻が明らかになり、２００７年には財政再建団体に指定されました。市の総合病院は閉鎖、いくつかの診療所が残るのみという事態に陥り、それまで１７１床あった病床が19床へと大幅に減少、医療機関に行くための足である無料バスチケットもなくなってしまいました。

市民の約半数が高齢者で、医療に頼っていた人たちが多かったため、市民の健康に悪い影響が出るのではないかと心配されていたのです。

ところがその後の調査によると、夕張市の高齢者たちが一転、元気になったとしか思えないような、驚くべき結果が現れました。

死亡者数に変わりはなかったものの、高齢者の死因として上位にある「ガン」

「心臓疾患」「肺炎」のうち、女性のガンを除いたすべての原因による死亡率が減少したのです。その代わりに増加した死因が「老衰」でした。また、救急車の出動回数も半減したというデータがあります。

病床が少なくなった結果、ちょっと調子が悪いからといってすぐ入院せず、自宅で過ごして天寿を全うすることになった高齢者が多くなったのです。

同じような現象は、コロナ禍でも起こりました。2020年は、まだウイルスに対する不安が大きかったため高齢者ほど外出を控えており、それまで慢性的な病気で定期的に病院に通っていた人たちも医療機関での受診が減り、薬をやめてしまうこともあったのです。

そのため、健康状態が悪化して死亡者数が増加するのではないかという不安がありました。ところが、実際には2020年は11年ぶりに日本の死亡者数が減少するという結果になったのです。

こうしたことから、私は無理して病院に行く必要はないと言っているのです。

できるだけ病院に行かないという選択

では、どんなときに病院にかかるといいのでしょうか。自分が日常生活を送る上で、どうにも不快な症状があったら行くといいというのが私の考えです。

たとえば私自身、鼻水が止まらず、咳が出て、夜は眠れないくらい苦しい状態になっても、咳止めと鼻水止めの薬と漢方の麻黄湯《まおうとう》を飲んでよく休み、医者には行きません。どうせ一過性のものですし、医者にかかってよけいな病名をつけられでもしたらうっとうしいからです。

それほどの症状もない、なんの不自由もないのにわざわざ医者にかかった結果、病気らしきものが見つかって病名がついてしまうことが往々にしてあります。すると、その時点から治療が始まり、不自由な暮らしが始まりかねません。もちろん、それによってうまく治ればいいのですが、治りもせず、気分もよくならず、中途半端な状態がずっと続くこともあります。

そうやってずっと行動を制限しながら、よくなっているのかどうかわからない不安な状態を続けることを望むのか、それともとくに何もせずに自由に生活を続けながら、病気の症状が出た時点でそれを受け入れて対処するのか。ある程度の年齢になったら、覚悟を決めて自分の人生を選択するのがいいのではないかと思うのです。

もし、健康診断を受けない、またはその結果を気にしないと決めて、だんだん体が弱って死を迎えることになったら、80歳までは「心不全」、それを過ぎると「老衰」が死因になるでしょう。ただ、それだけのことです。

日本人の死因の2位が心臓疾患というのも当然だと思うのは、本当の原因がはっきりしないときにもつけられる「心不全」という病名が、心臓疾患としてカウントされるからです。多くの人が恐れている心筋梗塞は、心臓疾患のうちのわずか2割程度に過ぎません。

もちろん死んでから解剖すればどのような病が潜んでいたか、臓器がどのような状態になっていたのかなどいろいろなことがわかります。けれどもそれをしない以上、真相は闇の中ということがほとんどです。

ですから、私は先に心配しすぎるよりも、症状が出てどうにも困った状態になってから病院にかかったほうがいいと考えているのです。

薬を飲んで調子が悪くなったらやめていい

調子が悪いときに医者に行くと、必ずと言っていいほど薬を処方されます。血圧を測って高いとわかれば、では薬を飲んでみましょうかと気軽に処方されるでしょう。

さて、帰って薬を飲んでみたらなんだか具合が悪くなったとしたら、どうしますか。私なら、その薬はやめます。あるいは、この程度までなら大丈夫というところまで薬の量を減らします。

ほとんどの医者は、規定量の薬を規則正しく飲みなさいと言うだけでしょう。けれども、簡単にそう言う医者には、欠けている視点があると私は考えています。

患者は、その薬を一生涯飲み続けることになるかもしれないのです。もちろん、薬代もずっと払い続けなくてはなりません。高齢者の多くの場合、自己負担が1～2割ですので、8～9割は公費で賄っていることになります。

アメリカの場合、日本のような国民皆保険制度がありませんので、事情は少し異なります。保険会社が無条件で保険金を払うというわけではありませんので、治療薬にどれほどの効果が見込めるか、はっきりしたエビデンスが必要になるのです。

たとえばその薬を飲み続けたことで5年以内の死亡率がどれだけ下がったか、5年以内に脳卒中を発症する割合がどのくらい減少したか、5年以内に心筋梗塞を起こす確率がどのくらい少なくなったかなど、きちんとしたデータを示さなくては、保険会社は薬代を払いません。ですから、ほとんどすべての薬にはっきりとしたエビデンスが明らかにされています。

ところが日本の場合、制度の違いからきちんとした根拠を示す必要がないため、エビデンスのある薬というのはそれほどありません。

医者に「血圧の薬を飲めば、今後脳卒中になる確率が減ります」「心筋梗塞になる危険が少なくなります」と言われたとしても、はっきりしたことはわからないのが実情です。正直に伝えるなら、そうなるかもしれないしならないかもしれないとしか言えません。

しかも、薬を飲み続けることで気分が悪くなったり、「自分は病気だ」「いつ脳卒中や心筋梗塞を起こしてもおかしくない」と意識し続けることになるので、そのストレスから免疫力が低下し、ガンなどの病気にかかりやすくなるかもしれません。薬を飲み続けることで、死亡率が上がるかもしれないとさえ思うのです。

本来は、きちんとエビデンスを示してその人に必要な薬だけを処方すべきです。けれども、日本では医者が病名をつけて処方さえすれば公費がほぼ自動的におりるので、必要なさそうな薬まで渡されています。アメリカの保険会社のようなチェック機能がどこにもないのです。

そうやって不要な薬がどんどん処方された結果、給料から天引きされる健康保険料がぐんぐん引き上げられていきます。私は常々、本当にそれでいいのかと広く問いかけています。本当は、日本でもきちんとエビデンスのある薬を適切に処方すべきではないかと主張しているのです。

私が心不全の治療を始めた理由

私はかつて、最高血圧が２００を超え、血糖値は一時６００を超える状態だったことがあります。

もともと長期間にわたって血圧が高いと気がついていたのですが、とくに何も治療せずにいたところ、ある年の心臓ドックで心肥大と言われてしまいました。

心肥大とは心臓の筋肉、つまり心筋が厚くなることで心室が狭くなり心臓の機能が低下、血液を全身に送りにくくなった状態です。そのままでいると心不全に移行すると脅されたので、あまり薬を飲まない私も観念して血圧を下げる薬を飲むようになりました。

ところが、血圧が正常値になるまでの量の薬を飲むと頭がフラフラして日常生活に影響が出てしまいます。そこで、仕事をするのに支障がない程度の数値、最高血圧170くらいでコントロールしていました。

ところが数年前、飛行機から降りたとき、呼吸とともに生まれて初めてピュー ピューと喘鳴《ぜんめい》がするのに気づきました。コロナにかかって喘息になったということもあり得ないようだし、なぜこんな音がするのだろうと不思議に思っていたのですが、あまりに音が気になるのでさすがに医者にかかったのです。そこで心臓超音波検査、いわゆる心エコー検査をしてみた結果、心不全と診断されました。

一般的な心不全の治療として処方されたのが利尿剤です。これを服用することで血液の循環量が少なくなるので、心臓がぐっと楽になります。

治療を始めてから、心不全の症状はすべて解消されました。今も薬を飲み続けて体調のいい状態が続いています。

喘鳴などの不快な症状はなく、50ｍくらいなら走ることもできます。仕事をする上でも差し支えなく、問題のない状態だと思っています。

60代、息苦しさがあったらご用心

心不全は、年々患者数が増えている疾患です。高齢者に多く、65歳以上になるとその数はぐんと多くなります。私の場合は喘鳴が起きて、呼吸が苦しくなったことから医者にかかりましたが、他にも息切れが激しくなったり、足のむくみがひどくなったりという症状が現れます。

同じように息が切れたり、喘鳴が起こるなど呼吸が苦しくなったりする病気に、肺気腫があります。これも、私たちの年代以上の男性に多い病気で、とくにタバコを吸っている人に多く発症するものです。

肺気腫は、肺に炎症が起きて時間が経つことで、肺の中にある組織が破壊されてしまう病気です。肺の弾力性が低下して、息を吐いても肺が収縮しないために呼吸がしにくくなり、血液中の酸素濃度も減ってしまいます。

破壊された組織を再生することはできないために根本的な治療はなく、進行をできるだけおさえ、苦しい症状を和らげる対症療法を続けるしかありません。

日常生活も厳しいくらいになると、在宅酸素療法、つまり家に酸素ボンベを設置、どこに行くにも酸素ボンベを携帯して継続的に酸素を吸入する治療が必要になります。

私の父も肺気腫でした。かつてはピースを毎日1缶空けていたほどのヘビースモーカーだったので無理もありません。高齢になると酸素吸入が必要になりましたが、10年間ほど、どこに行くにも携帯用の酸素ボンベをガラガラと引いて、それでもよく歩いていたことを思い出します。

薬を飲む・飲まないは自分で決める

私自身、あまり意味もなく薬は飲まないほうがいいと思っているほうです。そんな私が現在、納得した上で服用している薬がいくつかあります。

まず、心不全の治療薬である利尿剤。そのためにトイレが近くなるという不便はありますが、それでもきちんと服用を続けているのは、体が楽になる実感があるからです。

血圧を下げる薬は、心不全になったために病状が悪化しないよう、予防の意味もあって飲んでいます。医者からは最高血圧を140に下げるように指導されますが、その量を飲むとフラついてしまって生活に支障が出るため、血圧170程度になる薬の量に調整しています。

もう1種類、予防的に飲んでいるのが中性脂肪を下げる薬です。血液中の中性脂肪の基準値は空腹時40〜234㎎／dLで、175㎎／dL以上になると脂質異常症と診断されるのですが、過去、3回ほど続けて2000を超える結果が出たことがありました。

中性脂肪の数値が高いと膵臓に悪影響があるため、「このまま放っておくと急性膵炎になりかねない」と言われて、薬を飲むようになったのです。

というのも、急性膵炎は、医者なら誰もが知っている「生涯にかかりうる病気の中でもっとも痛い」病気です。さすがにそれは避けたいと思ったため、その薬もきちんと飲むようになりました。

私はよく「よけいな薬は飲まなくていい」と言いますが、決して西洋医学を否定しているわけでもなければ、薬など絶対に飲まないほうがいいと言っているわけでもありません。

血圧や血糖値、コレステロール値を下げる薬など、死亡率が下がるというエビデンスもないのに、医者に飲みなさいと言われたからよくわからずに飲むのが当然という状況がおかしいと言いたいのです。はっきりとしたエビデンスを明示してから患者に対して飲むようにすすめるのが筋なのではないかと考えています。

医者にすすめられたからと言っても、もちろん、飲まないという選択肢もあってしかるべきです。たとえエビデンスがあったとしても、先ほどの例を繰り返せば、薬を飲むと病気がゼロになるということではなく、10％が６％になるという程度のことなのです。その数字をどう捉えるかは飲む人の考え方次第です。

リスクが10％から６％にまで減るのなら素晴らしい。ぜひ飲みたい。そう思うのであれば飲んだほうがいいでしょう。「これで健康になろう」と自分が納得して起こした行動ですから、気分的にもいい影響があるはずです。また、飲まなくても90

%がならないのなら飲まなくてもいいかとか、飲んでいても6%がなるなら運だと開き直るという選択もあります。

ただし、「医者に言われたから」「面倒だけど仕方なく」と真面目ではあるけれど、後ろ向きな気分で服用を続けるのであれば、ストレスになる可能性もあります。飲む、飲まないは患者が選択すればいいだけの話だと思うのです。

突然死を避けるには心臓ドックを受けよう

健康診断の結果には振り回されないほうがいいというのが私の考えですが、組織に属している間は毎年健康診断を受けているという人が多いでしょう。リタイアしたら人間ドックや自治体による健診を受けることもできますが、ある程度の年齢になったら健康診断は受けなくていいというのが私の考えです。

そんな私が、もし突然死を防ぎたいと考えているなら受けておいたほうがいいと考えているのが、定期的な心臓ドックです。

先ほども触れましたが、健康診断で血圧や血糖値、コレステロール値を調べて、基準値を超えたら正常範囲にコントロールしようとするのは、心筋梗塞や脳梗塞のリスクを避けるのが目的です。

それなら、心臓の冠動脈や脳の動脈など、根本的な部分を調べたほうが話が早いではありませんか。推測に基づいた数値で一喜一憂しているよりも、そのほうがはるかに建設的ですし、間違いがないでしょう。

とくにおすすめするのが心臓ドックです。その結果、もしも心臓の冠動脈に動脈硬化が進んで狭窄《きょうさく》が見られる部分があれば、血管内の狭くなっている部分にステントと呼ばれる金属製の筒状の器具を入れて血流を改善する治療が行われます。

手術と違ってカテーテルという細い管を血管内に挿入して行われる治療なので体への負担も比較的少なく、日本の血管内治療の技術は世界的に見てもトップレベルなのでかなり安心できるでしょう。

また、突然死のリスクが極めて高い大動脈解離は、血管の内部が裂けて起こるものです。急性のものは激しい痛みとともに突然発症しますが、心臓ドックによって初期の状態を発見することができれば、手術による成功率もかなり高くなっています。

結局、血圧や血糖値、コレステロール値がいくら高かろうが、心臓ドックを受けたほうが話が早いということです。

血液検査の数値が異常でも、心臓ドックを受けると全く冠動脈狭窄がないという人も大勢います。私も過去に2回受けて、2回とも異常なしでした。逆に、数値は正常範囲でも冠動脈狭窄が起きている人もいます。

ピンピンコロリは理想の最期？

もっとも突然死に関しては、年代によってかなり受け止め方が異なるかもしれません。

たとえば働き盛りの年代が突然死するのはとても痛ましいことで、まわりも大きな衝撃を受けるでしょう。60代での突然死は、まだ早いと誰もが感じるのではないでしょうか。

けれども、80代となると話はだいぶ変わってきます。

病に苦しむこともなく元気に長生きして、突然死を迎えるといういわゆるピンピンコロリを理想とする人は多いのですが、そんな人にとっては突然死を迎えるのも悪くないということになります。

たとえば、マラソンが好きだった高齢者が走っている最中に倒れた、水泳好きの高齢者が泳いでいるときに亡くなったとすると、「好きなことをしているときに最期を迎えることができて幸せだったに違いない」とまわりも納得しやすいものです。

そんなピンピンコロリが理想であれば、心臓ドックを受けずにいたほうがいいとも考えられるわけです。

ただし、最近は心筋梗塞やくも膜下出血の救命率が上がり、その後、生き延びる人が増えてきたこともあって、ピンピンコロリはなかなか難しい願いになっているかもしれません。

認知症予防のためにはならない脳ドック

脳動脈瘤は、脳内の血管が薄くなった部分が膨らんでコブ状になったものです。

これが破裂するとくも膜下出血となり、およそ半数が死に至るというリスクの高いものです。

脳ドックで脳動脈瘤が見つかった場合、カテーテル治療で血管内にコイルを入れて破裂を防ぐなどの予防措置を行うことができます。

ただし、私は心臓ドックほど脳ドックをすすめてはいません。というのも心臓ドックは不具合が見つかったときに対処することで延命効果があるのは日本ではほぼ間違いないと考えていますが、脳ドックに関しては全くエビデンスがない上に、私の実感でもそう思えないからです。

よほど緊急性のある動脈瘤が見つかっていい治療が受けられれば延命できることも多いのですが、うまくいかなかった場合は麻痺が出てしまうこともあるでしょう。いろいろなデータを見る限り、現状、脳ドックを受けるのは、脳血管手技のうまい人とセットならという条件がつくことになります。

認知症予防のために脳ドックを受けたいという話もよく聞きます。けれども、果たして脳ドックが認知症予防のためになるのかどうかは大いに疑問です。というのも、画像診断での萎縮と認知症にいうほど相関はありません。その上、早期発見できても認知症を本当の意味で予防できる薬はないからです。

苦しみをとってくれるのがいい医者

年齢が上がるにつれて、多くの人に現れるのが腰痛です。これは我慢せず、治療を受けることをおすすめします。

腰痛の原因はさまざまで、高齢者の場合およそ3分の1は治らないとも言われています。けれども、治るほうの3分の2に入っていれば、痛みもなく歩けるようになることでその後の人生がずっと楽になるでしょう。

腰痛の治療もさまざまですが、私は、まず苦しみ、痛みをとることを第一に考えてくれる医者がいいと思っています。

薬や注射で痛みをとったとしても所詮一時しのぎなので、痛くても苦しくても我慢して、根本的に治したいと考えている人もいるかもしれません。けれども、そうやってストイックに頑張っていたところで何もいいことはないどころか、痛みが原因で歩き方がおかしくなったり、あまり出歩かなくなったりして体に負担がかかった結果、かえって悪化することもあるのです。

しかも痛みがあるとそれが気になってしまって、無意識のうちにストレスがたまることが多いのです。

痛みの原因ははっきりしないことのほうが多いでしょう。けれども、痛みがあるとそれが絶えず気になってストレスになります。ストレスが重なるとうつ傾向になったり、眠れなくなったりして、ますますストレスは増大、痛みも強くなってくるという悪循環が生まれるのです。

もちろん、根本的な原因がわかればその治療をすることが大切ですが、それでも痛みはすぐになくなるというものではありません。

まず、痛み止めの薬や、ブロック注射などで、痛みをとってストレスをなくし、普通の生活を送れるようになることを考えましょう。痛みがなくなって普通に動けるようになれば、自然と痛みがなくなることもあります。ひと昔前は、腰痛になったら安静にしなさいと言われたものですが、今はできるだけ動いたほうがいいと治療も変化しているのです。

痛いこと、苦しいことを我慢してもいいことはありません。なるべく早く自分が楽になれる方法を探すこと、それがゆるく生きる健康法の大切なポイントです。

医者の97%は「正常値信仰」にとりつかれている

先ほども触れたように、まず痛みをとってくれる医者、患者を楽にしてくれる医者がいい医者だと私は思っています。

医者にかかって家に帰ったら、もうそれだけで疲れて気が重くなるような医者は避けたいものです。あまり話も聞いてもらえず、薬だけどっさり出されるようでは、健康になろうとしているのに逆にストレスがたまるばかりです。

痛みや不安があったとき、それを解消してくれるいいかかりつけ医が近所にいれば理想的なのですが、なかなか難しいのではないでしょうか。

というのも、今、大多数の医者が「正常値信仰」の「検査結果至上主義」になっているからです。

ネット上には医療者向けの情報サイトがあって、私も時折そこから情報を得ているのですが、そこでは「検査結果至上主義は患者さんのためにならない」という私の主張はあまり評判がよろしくないようです。

「数値で見るより、患者さんの体調がよくなることのほうが大事」というのが私の主張なのですが、それに反対している医者の書き込みがありました。それに対して多くのリアクションがありました。それを見ると賛成とする人がざっと97％ほど。

反対ということで、私の主張に賛同してくれそうな医者はおよそ3％ほどという印象です。誠に遺憾です。

この現状では、かなり運がよくないと患者さん至上主義のいい医者には当たらないのではないでしょうか。たとえ「処方された薬を飲んだら気分が悪くなったので変えてほしい」と切実に訴えても、真摯に対応してくれる医者は少数派かもしれません。

正直、私はこの反応には非常に驚きました。というのも、長年、地道に臨床経験を積んでいれば、「決められた量の薬を飲むと悪影響が出る」という人が一定数存在することを経験するはずだからです。

私自身、薬を飲んで血圧を基準値まで低くすると日常生活に支障が出ると感じるくらいですから、同じように不便を感じる人が多いことに気づいていないはずはありません。

臨床医を10年、20年と続けていれば、数値からは予測できない事態が少なくないことも経験しているはずです。検査データはすべて正常だったのに、なぜか早く亡くなってしまった人もいるでしょう。それでも、正常値信仰を捨て去ることのできない医者が多いというのは、私自身、一医者としてとても悲しいことです。

何もかも医者の言う通りにする必要はない

無理して医者に行くことはないと、私は強く言いたいのです。もちろん、つらい症状があったら我慢せずすぐに行くべきです。けれども、それでよくなったらもう行かなくていい。症状もないのに医者に行くと、正常値信仰に踊らされてかえって元気を損なう結果になるかもしれないのです。

処方された薬を飲んだら体調が悪くなったから薬をやめたいと思っても、ほとんどの場合、「やめる前には医者に相談を」と指示されています。

けれども、相談しても97％はやめてはいけないと言われる可能性があります。相談する必要などないのです。具合が悪いなら自分で判断してやめればいい、あるいは問題がないレベルまで減らせばいいと私は考えます。

もちろん、中にはやめると病状に深刻な影響を与える薬もあります。その場合は、「命に関わることもあるので絶対に正しく飲むように」と注意を受けるはずです。ということは、そこまで言われない薬は飲まなくても少なくとも当面は、大丈夫ということになります。

たいていの場合、薬をやめたところで、飲む前の状態に戻るくらいのものでしょう。やめたから急激に病状が悪化するということはないはずです。

実際に薬をやめてみると、たいていは調子がよくなるか悪くなるかのどちらかです。よくなったなら、そのままやめればいい。悪くなったと感じたら、また飲めばいい。そうやって自分の体の状態で判断すればいいだけの話です。

ついでになりますが、サプリメントに関しても同様に考えています。飲んで体に合うと思えば飲めばいいし、飲んでも調子がよくならないなら、やめればいいのです。

　サプリメントを飲み続けている人に聞くと、たいていの人が「調子がよくなった」と言います。もしかしたら暗示効果なのではないかと思うのですが、それでもいいではありませんか。その人が飲んで調子がいいというならそれがいちばんなのです。

　今、この時代、本当に患者の話に耳を傾けて、患者を第一に考えてくれるような先生に出会うことはできるのでしょうか。多分いるのでしょう。情報過多の中で検査結果至上主義の世の中になっているけれど、あまりＩＴに明るくない、今でもカルテを紙で書いているような、そんな年配の先生の中に素晴らしい先生がいるかもしれません。そのような医者に会うことができれば幸せと言えるのではないでしょうか。

第5章

老後をゆるく考える

60代は無理なダイエットにご用心

年をとると、栄養が過多であることより、足りない害のほうが大きくなります。そのため、60歳を過ぎたら無理なダイエットは禁物です。若いうちなら多少栄養素が偏ってもなんとかなりますが、年をとると体に悪影響を及ぼすリスクのほうが高くなってしまいます。

たとえば、「糖質制限ダイエット」を試している人がいるかもしれませんが、糖質は脳のエネルギー源なので、高齢者の場合、脳にダメージを与えることになりかねません。

ブドウ糖が足りなければ頭がぼんやりしてきますし、塩分を懸命に控えている人は、低ナトリウム血症から痙攣や意識障害を引き起こすリスクもあります。意識障害はとても危険な症状で、運転していれば突然暴走してしまうかもしれないという不安もあります。

微量元素の不足も、年をとればとるほど、害がはっきりと出やすくなります。亜鉛が不足すると味覚障害を起こすことがあります。若い頃は、多少不足したとしても味がしなくなるまではいかないものですが、年齢が上がるとかなり影響が出るようになってしまいます。亜鉛不足で味がしなくなったという人は、結構多いものなのです。

このような栄養をまんべんなく摂取するために、できれば自分の体調に合ったものを自分で作るのが理想です。けれども、疲れたときややる気が出ないとき、なんとなく食べるのも億劫だからと作る気がしなくなって食事を抜くのは好ましくありません。

たまにはコンビニのご飯を食べるのもいいではありませんか。その中でも、できるだけいろいろなおかずがあるものを選ぶようにするなど、無理のない範囲で選択しましょう。

コンビニ弁当などに入っている食品添加物の害を気にする人もいますが、それはあったとしても10年後や20年後、30年後に影響するかもしれないくらいのものです。もう、我々の年代になったら、気にすることなどないでしょう。それよりも、目の前の健康のほうがはるかに大事な年齢なのです。

食生活はタンパク質至上主義でいこう

「あれを食べなくちゃいけない」「これを食べてはいけない」などと難しく考えず、好きなものを好きなように食べればいい、がゆるく考える健康の基本です。

けれども、もちろんなるべくいろいろな種類のものを食べるほうがいいですし、年をとればとるほど、タンパク質を摂ったほうがいいのは間違いありません。タンパク質が不足すると、肌も汚くなるし、髪の毛も抜けやすくなり、内臓の状態も悪くなります。

年齢とともにあっさりしたものが欲しくなる人もいますが、食べる全体量が減るからこそ内容は大切です。もはや、「炭水化物抜き」や「脂質抜き」など特定の栄養素を減らすダイエットは厳禁です。

60歳からは、できればなんでも食べる雑食でいたほうが元気です。できるだけ肉などのタンパク質を摂る、コレステロールはむしろ高めのほうがいいというのが年をとってからの基本です。

年齢とともに食べられなくなってきて、どうしても痩せてしまうという人もいますが、頑張って食べるしかありません。食べないでいると元気がどんどん衰えてしまうので、食べる量が少ない人ほどタンパク質を重点的に摂るようにすべきです。

食べることは、本当に元気の基本だと実感します。90代の人などを見ていると、ご家族が「最近食べなくなった」とか「痩せてきた」というときは、たいてい数ヶ月くらいで寿命を迎えることが多いのです。とはいえその人たちは、それまでしっかり食べてきたからこその長寿です。食べることは、健康の大きなバロメーターと言えます。

健康と寿命のためになるのは医学よりも栄養学

医学より栄養学のほうがはるかに健康に寄与するというのが私の持論です。日本人が体格がよくなったのも、寿命が延びたのも、すべて十分なタンパク質を摂るようになったからです。

かつて日本人の死因の第1位を長らく占め、不治の病としてあれほど恐れられた結核でさえもはやかかる人がほぼいなくなったのも、タンパク質を摂るようになって免疫力が上がったからだと私は考えています。

1951年、結核に代わって死因のトップに躍り出たのが「脳血管疾患」です。

昭和30年代から40年代頃は、最高血圧が150、160の人が脳出血で倒れることが多かったのです。

けれども、今では出血型の脳卒中は大幅に減って、代わりに脳梗塞が脳出血のおよそ2倍になりました。脳出血になる人も血圧が高いせいである以上に、タンパク質不足で血管が破れやすいという理由です。

さらに日本人がタンパク質を積極的に摂るようになって、脳血管疾患がだんだん減少、1981年に代わりに死因のトップに躍り出たのが悪性新生物、つまりガンです。脳血管疾患はどんどん勢いをなくし、今では死因の4位にまで落ち込んでしまいました。

日本人の死因が移り変わってきたのは、栄養状態がよくなったことが最大の原因です。つまり、栄養学のほうが医学よりはるかに長寿の源になっているのです。

100歳を超えてお元気な高齢者は、本当にいろいろなものをよく食べています。できるだけ食欲旺盛でいましょう。

60歳を過ぎたら小太りが尊い

健康診断では身長と体重を計測し、ＢＭＩという体格指数を算出し、生活習慣病の指針にしています。日本では、最も病気にかかりにくく健康であるとされるＢＭＩ22を適正体重とし、ＢＭＩ25以上を「肥満」と分類しています。

ＢＭＩ22に相当する適正体重は身長が１６０cmで約56・３kg、１７０cmで約63・6kgです。また、ＷＨＯ（世界保健機関）では国際的基準として、ＢＭＩ25以上を過体重、30以上を肥満としています。

ただし、世界のデータを見ると、ＢＭＩが25以上の人のほうが長生きする傾向が見えてくるのです。

日本では、40歳時点の平均余命が最も長いのは男女ともＢＭＩが25以上30未満という5万人規模の調査結果があります。また、アメリカでもＢＭＩ25以上30未満が最も死亡率が低いという報告があります。

ＢＭＩ30というと、身長１６０cmで76・８kg、１７０cmで86・７kg、日本だとかなりの肥満とされる体型です。そう考えると、アメリカはともかく、日本人で体重を減らす必要のある人はそう多くないでしょう。

太りすぎの心配をしている人のうち98％くらいは、実際には全く不安に思う必要のない、ただそう思い込まされている人ということになります。あまり体型を気にすることなく、しっかり食べることを優先したほうがいいのです。

健康でいるためには免疫力を高めることが大切で、そのために有効なのは、しっかり栄養を摂ること、歩く程度の運動、楽しむこと、そしてよく笑うことなどです。そして、もっとも気をつけるべきなのが、ストレスをためないことです。

体重を減らさなくてはいけない、食事制限をしなくてはいけないと毎日気を遣うのは、知らず知らずのうちにストレスをためることになりかねません。

バリバリ仕事をしているうちは、職場の人間関係が最大のストレスという人が多いものですが、仕事から解放されたあとは、医者が最大のストレスになるかもしれないと思うほどです。

正常値信仰の医者にかかると、毎日の食事に気を配らなくてはいけないし、毎日時間を決めて薬を飲まなくてはいけない、真面目に通院しなくてはいけないなど、毎日の生活で制限が多くなる上に、次は何を言われるかと医者に行くこと自体がストレスを増やすことになります。

真面目に医者の言うことを守って、心筋梗塞や脳卒中の確率を何%か下げることはできるかもしれませんが、その代わりガンやうつになる確率を何倍にも上げるのではなかろうかとさえ思うのです。

みんな楽しく陽気なお酒は大歓迎

若い頃は浴びるようにお酒を飲むことを自慢していた人でも、さすがに年齢とともに酒量は減ってきていることが多いでしょう。体が自然と自分に合った状態にコントロールしているということではないかと思います。

ですから、お酒を飲むことで楽しく、気持ちよくなれるのなら、好きなように飲むといいというのが私の考え方です。ただし、ひとりで飲むのは避けたほうがいいでしょう。

楽しい、気持ちいいと飲んでいるうちはいいのですが、ひとり酒はどうしても考えが悪いほうに転んでしまいがちです。

飲んでいるうちにどんどんネガティブなことばかり考えるようになり、それから逃れたくてまた飲んでしまう。そのうち、酒がないと落ち着かなくなってしまう。

そんなふうにして、気がつけばアルコール依存症になりかけている人も少なくありません。高齢者のアルコール依存症は、結構多いものなのです。

なかなか寝つけないのでナイトキャップとして飲むという人もいると思いますが、これもおすすめできません。たしかに入眠作用はありますが、それも数時間で切れてしまい、その後はむしろ脳が活性化してしまいます。その結果、眠りが浅くなったり、夜中に起きやすくなったり、次の日に疲れを持ち越したりしてしまうのです。

その上、はじめはうまく眠れたとしても、だんだんその量では眠れなくなり、もう少し、もう少しというようにだんだん酒量が増えてしまいます。

睡眠導入剤は怖い、体に悪いと思っているかもしれませんが、きちんと量を決めて服用することでいつの間にか量が増えるということを防ぐようにすれば、お酒より安全です。

ひとり酒はとにかく危険です。誰かと一緒に食事をしながら、楽しく話しながら飲むようにしましょう。外で楽しく飲むのもいいでしょう。飲みすぎて行動に支障が出れば、まわりの誰かが気づいて適当なところで止めてくれるはずです。

「一緒に飲みたい人がいない」「職場のつきあい以外に気の合う仲間がいない」という人もいるかもしれませんが、そんなときこそよさそうな店を探してみてはどうでしょう。この年になるとなかなか新しい友達ができないと悩んでいる人も、そうやって陽気に飲みに出かければきっと気の合う人が現れます。

「知らぬ同士が小皿叩いてチャンチキおけさ」とは三波春夫さんの往年の大ヒット曲ですが、今もそんな機会は大いにあるはずです。「ひとり飲みのほうが安上がり」などとケチなことを言うのはやめましょう。楽しい仲間もできれば、老後の豊かさに続く生きたお金の使い方になります。

65歳以上は元気ならタバコはやめなくていい

年をとってからは、タバコも無理にやめる必要はないというのが私の考えです。

もちろん、タバコは間違いなく健康に悪影響があります。肺ガンのリスクは高まりますし、動脈硬化のリスクも高めます。タバコを吸う人は吸わない人に比べて、心筋梗塞や脳梗塞になる可能性が明らかに高くなっています。

そして、先ほども触れた肺気腫のリスクもあります。この病気はかなり呼吸が苦しくなるため、一生タバコを吸い続けると宣言していたヘビースモーカーでさえも、さすがに禁煙するほどです。

こうしたリスクを踏まえた上でも、なお、私は65歳以上になったらタバコを無理にやめることはないと考えています。

かつて浴風会の老人ホームで、タバコを吸う人と吸わない人の生存曲線について調査をしたことがあります。それによると、65歳以上になったらあまり差はないというのが結論でした。

老人施設に入る前の年齢ですでになんらかの病を発症している喫煙者もいるでしょうから、入所するまで元気でいられれば、もうあまり差はないということだと思うのです。

もちろん、若い人であれば話は別です。将来の生活への影響を考えれば、絶対に吸わないほうがいいと断言できます。けれども、すでに65歳まで大過なく過ごしてきたのであれば、もう、この先はそれほど変わらないのではないでしょうか。それよりも、ストレスのない生活をしたほうがいいに決まっています。

タバコを吸う人も、時代の変化によって、自ずと量は減っているのではないでしょうか。もはや、ひと時代前のように朝から晩までずっと吸っている人も見かけなくなってきました。他人に迷惑をかけないようにと、皆さん気も配っているはずです。

ときには気分転換に喫煙所で一服すれば、愛煙家同士、仲間意識が芽生えて話が弾んで新しい友達ができるというメリットもあると思うのです。

今もしも私にガンが見つかったらどうするか

60代前半で急死するのは珍しいことで、「まだ若いのに」とやり切れない気持ちになります。けれども、ガンが見つかることはそう珍しいことでもなくなってきます。そして、その確率はこの先どんどん上がっていきます。

もしも今、自分がガンであるとわかったらどうするか。これは、60歳くらいになったらそろそろ考えておいたほうがいいと私は考えています。

たとえば、今、私にガンが見つかったらどうするでしょうか。おそらく何もしないで、「これが天命」と思ってそのまま受け入れるのではないかと思います。

ガンについては、医者によっても見解が分かれます。私は「ガンは運」と考えているほうです。

ガンには2種類、転移するガンと転移しないガンがあります。これはすべての医者が認めているでしょう。ただし、転移しないガンはほとんどないと考える医者もいますが、私はそうは思いません。

先ほども触れた通り、85歳以上の高齢で亡くなった方を解剖したときに体にガンのない人はひとりもいなかったという現実を目の当たりにすると、転移することもなく、とくに悪さをしないガンもあるのだと思わざるを得ないのです。

仮に、ガンが1㎝の大きさで早期発見されたとすると、その大きさになるまでにはおそらく10年、20年はかかっているでしょう。もともと転移するガンであれば、その間にすでに転移しているのではないでしょうか。

一方、10年かかって転移していないガンは、20年経ってもおそらく転移しないのではないかと考えられます。

仮にガンを放っておいた結果、転移して3年後に亡くなった人がいるとします。それは、おそらく手術をしても転移したのではないかと考えられるのです。逆に、転移しないガンであれば放っておいても大丈夫、少しずつ大きくなるだけで悪さをしないと考えます。

そもそも、ほとんどのガンははじめのうちは無症状なので、手遅れになるまでなかなか見つからないものです。そんなふうに考えると、私自身はガンが見つかったとしても、もう放っておいていいのではないかと考えているのです。

60歳を過ぎたら天命を受け入れる心の準備を

「ガンは運」と言いましたが、「健康は運」という部分もあります。

長年、いろいろな人たちを見ていると、親が長生きの人はやはり子どもも長生きする傾向にあります。ガンになりやすい家系というのもあります。ですから、ある程度の年齢になったら、もうあまり悪あがきしなくてもいいのではないかと思うのです。

先ほども触れましたが、60歳くらいになったらそろそろ天命を受け入れる心の準備を始めるのがいいのではないでしょうか。

1950年の平均寿命は、男性が58・00歳、女性が61・50歳でした。私が生まれた1960年でも、男性が65・32歳、女性が70・19歳です。私たちが子どもだった頃の大人は、60代ですでに最晩年を迎えていたのです。

60歳を迎える頃になると、身近なところでもぼちぼち同年代の訃報が飛び込んでくるようになります。健康に対しての意識も変わってきますし、老後についても真剣になります。天命について考えるちょうどいい時期ではないでしょうか。

医者が命を助けてくれるとか、医者が寿命を延ばしてくれると考えている人もいるかもしれませんが、転移するガンの前には医者も医学もほぼ無力です。認知症にしてもそうです。

近いうちに、人生１００年時代にはなると思います。けれども、もしかしたら人生１００年を短くしているのが医者なのかもしれません。高齢者を薬漬けにして、１００歳まで元気でいられる人を80代で動けなくしているかもしれません。切らなくてもいいガンを切って、早くに弱らせてしまっているかもしれません。

ですから、ある程度の年齢になったら目を覚まして、医者にかかるのはほどほどにしようと思考転換すれば、１００歳まで生きる人が増えるのではないかと思います。病気のことばかり気にしてストレスを増やすこともなく、心穏やかな老後を過ごすことができるでしょう。

考えてもみてください。日本や世界の長寿地域に、病院だらけのところなどあるでしょうか。あまり医者にかからない人が多い地域が多いでしょう。長寿に医者は不要なのではないでしょうか。

85歳になったら誰もがニコニコ認知症

浴風会病院での解剖の結果によると、85歳を過ぎて脳にアルツハイマー病変のない人はただのひとりもいませんでした。誰でも多かれ少なかれ認知症になっているという言い方もできます。

そもそも、脳の萎縮はすべての人に起こる現象です。30代頃から少しずつ萎縮が始まり、65歳頃になれば誰でもCT画像で萎縮が確認できるようになります。

けれども、臨床では不思議だと思うことが多々ありました。CT画像などで見ると、同じように脳が縮んでいるのに、その割には頭がシャキッとしている人と、すでにボケボケの人がいるのです。

ですから、脳が萎縮しているからもうダメだ、とはなりません。脳は使い続けるのがいちばんです。使い続けることによって認知症の発症も、その後の進行も遅らせることができるのです。

こんなことを強く思うようになったのは、1990年代、杉並区の浴風会病院に勤務しながら、月に2回茨城県鹿嶋市の病院でも認知症患者さんを診察していたときのことです。

杉並の患者さんはどんどん認知症の病状が進んでいくのですが、鹿嶋の患者さんは病状の進み具合が遅いのです。なぜだろうと思って患者さんや家族に聞いてみたところ、興味深いことがわかってきました。

杉並の高齢者は認知症だと診断されるとたいてい外出を止められて、ほとんど家の中で過ごすようになっていました。ひとりで外出して迷子になると事故のリスクもあって危ないですし、今より理解が進んでいなかったので世間体も悪い。言葉は悪いですが、家族に閉じ込められてしまうのです。現在のような介護保険制度がない時代でしたので、デイサービスを利用することも一般的ではありませんでした。

ところが鹿嶋の高齢者たちは、認知症だと診断が下されても、とくに変わらない生活を送っていました。認知症であってもそれまで通り普通に外を歩いて、迷子になると近所の人が連れて帰ってきてくれるのです。

また、杉並の高齢者は仕事はもちろんのこと、孫の世話のようなちょっとした身の回りのことも取り上げられてしまいました。それに比べて鹿嶋の高齢者は、以前と同様に農業や漁業の仕事を続けていたのです。

こうした事例から考えるに、認知症だと診断されたとしても、本来はそれまでの生活を続けたほうがいいのです。家族からの心配もあるでしょうが、したいことやできることをなるべく制限せず、自由に行動することで脳を働かせることができて、進行が遅くなるのです。

現在のデイサービスなどでさまざまなアクティビティを行うのも、脳を働かせて脳の伝達物質を増やし、認知症の進行を遅らせることになります。

頭を適度に使う趣味があればそれもいいのですが、高齢者になってからいきなり趣味を持つのも難しいでしょう。いずれは誰もが認知症になると考えて、いくつになっても楽しく続けられる趣味を今から見つけておくことをおすすめします。

ちなみに、かつて１０７歳と１０８歳で亡くなるまでマスメディアによく登場していた超高齢双子姉妹の「きんさんぎんさん」の「きんさん」は、テレビなどに取り上げられる前までは認知症の症状があったそうです。

それが、あちこちで引っ張りだこの人気者になってからどんどん頭がしっかりしてきたのだそうです。新しいことを受け入れて、刺激のある毎日を過ごすようになった結果、症状が改善することもあるといういい例です。

運転免許の自主返納に慎重になったほうがいいわけ

第1章でも触れた運転免許の返納問題ですが、現在の日本では、75歳以上の高齢者は免許更新の際に、認知機能検査と高齢者講習が必須になっています。

けれども、車がないと生活ができない地域では多少ボケていても運転を続けているのが現実です。世界中、どこもそのような状況です。

認知機能検査の結果と運転のリスクにはあまり相関関係がないと私は考えています。なぜなら、認知症の人は昨日できていたことは今日も普通にできるものだからです。

アメリカの元大統領であった故ロナルド・レーガンは、退任の5年後に自らアルツハイマー型認知症であることを公表しました。実際は、2期目の4年間はまわりをハッとさせるようなことが多々あり、認知機能の低下を疑われていたものです。その後、大統領の息子が実際には2期目の選挙戦の頃にはその兆候があったようだと明かして話題になりました。

それが本当であれば、レーガン大統領は認知症の状態でアメリカ合衆国の大統領を4年間も務めたことになります。けれども、それが不思議ではないくらい、認知症というのは軽度であるうちはなんでもできてしまう病気です。

皆が認知症を怖がる理由は、軽い状態と重い状態をひとくくりに考えてしまうからです。軽いうちはアメリカの大統領も務まるけれど、重くなると家族の顔もわからなくなるほど、程度の差があるのが認知症です。だから、できるだけ長い間、程度の軽い状態に留めておけばいい。そのためには、これまでやってきたことをそのまま続けるのがいちばんだと信じています。

テレビは白黒つけたがるけれど真実はひとつじゃない

60代以降になって、うつ病が増える理由の第一は、脳内の神経伝達物質であるセロトニンが減少するからです。これを増やしたければ、肉を食べて、運動して、日光にあたるのがいちばんです。その点、コロナ自粛などはもっとも悪い影響があったと言えるでしょう。

その上で、第1章でも触れたように「かくあるべし思考」「二分割思考」のある人はうつになりやすい傾向があります。

二分割思考は、たとえば人を見たときにも「敵か味方か」を判断し、「あいつはいいやつ」「こいつは悪いやつ」と決めつけてしまうものです。

けれども、世の中の人は実際にはみなグレーです。それなのにいい人で自分の味方だと思っていた人がちょっとでも自分の批判を始めると、急に敵になった、裏切られたと感じたり、悪いやつだと決めつけたりしてしまう人が、うつになりやすいのです。

テレビのニュースやワイドショーは、難しい問題について、誰にでもわかりやすい答えを示そうとします。

ある事件が起こったとき、当事者でない限りわからないことは多く、事実をそのまま伝えるだけでは、視聴者はすっきりしません。そのため、白か黒か、正義か悪かのように、両極端に分けてわかりやすい結論に導こうとします。

その結果、「ロシアが悪でウクライナは正義」とか、「不倫をした人はとんでもない悪者」というように、極端でわかりやすい論を展開するのです。時代の寵児としてもてはやされた人が、しばらくすると一転バッシングの嵐になることも往々にしてあります。

時代の流れについていきたいという視点でテレビを見ていたとしても、このような偏った情報に接していると、「二分割思考」に支配されてしまいます。

本当のところ、世の中のほとんどは白でも黒でもなくグレーです。ヒーローと悪役がいるのではなく、みなグレーの濃淡です。どんな悪いやつでも、いいことのひとつやふたつはしているものです。逆にどんなにいい人でも、何らかの悪いことをしてきたのではないでしょうか。

テレビはセンセーショナルなことで人々の耳目を集める使命があります。そのため、正しいことを言っているとは限らないのです。さまざまな情報を得る手段がある今、テレビの言うことは正しいと信じるのはやめましょう。

そんなこともあって、「高齢者はテレビを見ないほうがいい」と私はつねづね主張しています。見ているだけでうつになりやすいテレビなどやめて、ネットフリックスかアマゾンプライムビデオを見るようにすべきだと思います。

映画を見ていれば、いい人が悪い人に変わったり、裏切ったり裏切られたり、人間はそんなに単純なものではないことが身に染みて、稚拙な二分割思考に支配されることもありません。

私が知る限りでは、ほとんどの高齢者が、子どもにネットフリックスを設定してもらったらもうそれしか見ないと言っています。親をはじめとするまわりの高齢者にも、もうテレビなど見るのはやめて、他からいい刺激を受けるようにすすめてあげていただきたいと思います。

私たちが高齢者になる将来をゆるく考えてみる

60代になったら、将来、幸せな高齢者になるための心構えの第一歩として、高齢者が幸せに暮らしている外国に旅するのもいいのではないかと思います。

まず思い浮かぶのは北欧ですが、モナコなどもおすすめです。おばあちゃんやおじいちゃんがビーチで優雅に過ごしていたり、フェラーリから颯爽と降りてきたりと、高齢者がゆとりある生活を謳歌している光景を目の当たりにできるでしょう。

日本では、なかなか高齢者向けの魅力的な商品やサービスがないのが現状です。高齢者はお金を出したがらないとよく言われますが、出したくないのではなく、出そうとする対象が見つからないのではないかと感じています。

たとえば　星野リゾートが全国展開している温泉旅館の「界」では、70歳以上限定で旅のサブスクプランを出していますが、毎回、早々に完売するほどの大人気だそうです。

あまり旅に出かけなくなったと言われる高齢者ですが、このようなきっかけがあればもっと旅をしようという気になるでしょう。決して興味がなくなったわけではないのです。

もっと日本の企業経営者たちは、高齢者に目を向けたほうがいいと私は強く主張しています。高齢者向けの書籍がこれだけ求められているというのに、テレビには高齢者向けの番組がなく、高齢者向けの魅力ある製品がありません。

高齢者向けの商品やサービスを作りたいのでアイデアを出してほしいという声があってもいいと思うのですが、そんなオファーが少なくとも私には全くないのは、経営者が高齢者を消費者として見ていないということなのでしょうか。もったいないことだと思います。

タクシーの利用者も、私の感触では7割ほどは高齢者ではないかと思います。若い頃に比べてちょっと移動するのにも疲れるようになった高齢者は、病院に行くにしてもタクシーを利用します。それなのに、タクシーの中で高齢者向けの広告など見たことがありません。

高齢者向けの映画も増えそうにありません。シネコンは大型ショッピングモールの中にあることが多いのですが、平日昼間のショッピングモールに足を運んでみると、私の体感では7割ほどが高齢者です。観たい映画があればきっとそこに人が流れるはずです。

「毎日が実験」と思って前向きに生きる

ある程度の高齢になった私たちは、今後のさらなる高齢化への準備として毎日実験と思っていろいろなことをしてみるといいでしょう。

難しいことではありません。日常生活の中で今までやってこなかった新しいことをなんでもいいから試してみるのです。

出かけた先で、大行列のラーメン店を見つけたら「どうせそれほどおいしくないくせに」などとシニカルに考えず、まず並んで、実際に食べてみましょう。

1時間並んでようやく食べたものの、やっぱりおいしくなかったとしても、損するのは1時間ほどの時間と1000円程度の財産です。試しもせずに否定するより、「食べてみたけどやっぱり今ひとつだったな」と経験知を得るほうがはるかに前向きです。

これまでの人生、失敗を恐れて生きてきた人も多いでしょう。けれど、こうした日常のちょっとした実験では、失敗したって全く問題はありません。いえ、それどころか失敗すること自体が新しい体験であり、楽しみになるのです。

今まで敬遠していたような派手な服を着るのもいいし、いつもは通らない道を通ってみるのでもいいでしょう。「どうせ面白くないんじゃない」と思っていた著者の本を読んでみたり、「自分にはできない」と思ってきたことに挑戦してみるのです。

「どうせ大した内容ではない」「あんなもの楽しいわけがない」などと、行動を起こすこともなく否定的なことばかり言っていると、どんどん老けて頭が頑固になるばかりです。

「やりたいことを自由にやってみる」「全然できなくていい」「どれだけ失敗してもいい」「すぐにやめてもいいしダラダラ続けてもいい」「うまくならなくていい」「他人の目は気にしない」「他人と比べることもしない」

そんな姿勢が、楽しくゆるく生きることにつながります。まず、なんでも拒否せずそのまま受け入れてみましょう。

好きなワイン、好きなブランド、好きな車など、自分の好きなものは好きだというこだわりはあってもいいけれど、でもそれだけがいい、あとはダメと決めつけずに、他のものにも目を向けてみましょう。

たとえば今よく通っている、そこそこおいしいレストランがあるとして、「間違いはないけれど、光るものがないしそろそろ飽きてきたかもしれない」、そう感じたら、新しい刺激を受けられる店を探してみましょう。

年をとると自由になる時間は増えるので、自分の行動をいつものパターンにはめ込まず、ちょっとした冒険に踏み出してみましょう。行ってみた店が今ひとつおいしくなかったとしたら、それも得難い体験ではありませんか。

騙されても「実験に失敗はつきもの」と考える

興味を惹かれたものはなんでもやってみるといいのですが、たとえばちょっとだけ試そうと思ったギャンブルにいつの間にかのめり込んでしまったらどうしようという不安があるかもしれません。そんなときは、まずいくらまでと決めてやってみればいいのです。

人生、何事も実験です。実験である以上、失敗はつきものです。たとえば、先ほどの行列のできるラーメン店なら、失敗したときのリスクは並んだ時間とラーメン代というように明確です。そんなふうに、たとえ失敗したとしても、最悪、騙されたとしてもこれだけなら問題ないというラインを決めておくのです。

通販で見かけた商品がよさそうだけれど、本当にいい商品かどうかわからない。それなら、3万円までは実験費用と決めて試してみようか。あるいは、ちょっと怪しげな投資めいた話があって、詐欺かもしれないけれどどうも気になる。それなら10万円までは体験代と思って試してみようか、などと決めておくのです。

もし、それが使えない商品だったとしても、詐欺にひっかかって手元に何も残らなかったとしても、自分で納得してやったことであれば授業料、経験料と思ってあきらめもつくでしょう。あきらめがつかなくてうつになるよりよほどましです。

いい話を頭から信じて大金を払うと、失敗したとき、騙されたことを認めたくないばかりに泥沼にハマってしまうこともあります。ですから、はじめから何事も実験、失敗もありと思っておけばいいのです。

「人を見たら泥棒と思え」の人は詐欺師の餌食に

ところで、詐欺にひっかからないようにとこれだけ注意喚起されているにもかかわらず、振り込め詐欺事件がなくならないのはなぜなのでしょうか。

ひっかかるのは判断能力の鈍くなった高齢者だけだろうと考えるかもしれませんが、意外にも、50代くらいのしっかり者が騙されたということも少なくないのです。

詐欺の手口は、こちらが考えるよりかなり巧妙です。

社会心理学的な見地では「自分は絶対にひっかからない」と自信を持っているような、猜疑心が強い人のほうがひっかかりやすいとされています。

「渡る世間に鬼はなし」と考えて人を信じやすいタイプの人と、「人を見たら泥棒と思え」ととりあえず疑ってかかる人では、意外にも「泥棒と思え」タイプのほうが詐欺にひっかかりやすいという研究結果もあります。

まわりの人間をみんな悪いやつだと疑ってかかる人は、特別に悪いことを考えている詐欺師が見抜けません。しかも、いったんこの人はいいところがあると感じて信用すると、ズルズルそのまま信じ切ってしまいます。

逆に、みんないい人だと思って接していれば、悪いことを企んでいる人に対して「この人はちょっと違う」と気づけるのです。

そもそもこの世の中、いい人と悪い人で考えれば悪い人のほうが圧倒的に少ないではありませんか。ほとんどの人は、普通に信頼できる人です。騙そうとして近づいてくる人など、全体から考えればごくごく一部です。ですから、騙されたくないのであれば「渡る世間に鬼はなし」という考え方でいることです。

振り込め詐欺にひっかからない心構え

いわゆる振り込め詐欺には3つの鉄則があります。

まず、身内が人に迷惑をかけているなどと思わせ、相手を不安にさせてなんとかしなくてはと思わせるのがひとつめです。

2つめは、たとえば「会社のお金を使ってしまったけれど、午後3時までに返せば帳簿上は問題にならないのでそれまでに用意をしてほしい」と、明確に期限を設定することです。

そして最後に、「このことは人に知られるとまずいので、あなたと私だけの秘密にしましょう、誰にも言わないでください」と言って情報を遮断するのです。

不安にさせて、期限を切って、情報を遮断する。この3つのセットがあるから、普通の状態だったらおかしいと判断できる人でも誤った判断をし、まんまと騙されてしまうのです。

自分の子どもや身内が悪いことをしてしまったという話を聞けば、誰もが罪悪感を刺激されます。けれども、たとえば３時までにお金を用意しろと言われたとすると、おそらく１時間や２時間の余裕はあるでしょう。その間、落ち着いて考えることはできるはずです。けれども、時間を区切られることで一刻でも早く対処しなくてはと思ってしまいます。

人に相談してはいけないと言われたとしても、たとえば会社の金を横領したというのなら関係者以外の人に相談すればいいわけです。けれども、追い詰められたところで条件を提示されると、誰にも言ってはいけないのだと思い込んでしまう。

こうやって、ひどく真面目に考えすぎてしまうことが、詐欺にひっかかる一因になっています。

もっとゆるく考える姿勢を身につけていれば、一瞬立ち止まって考えることができて、冷静になれるかもしれません。身内の恥だってさらして構わないじゃないかくらいの気持ちでいれば、振り込め詐欺にひっかかるリスクもぐっと減るに違いないと思います。

60代から始める「友達100人できるかな」

組織を離れたら、なかなかいい仲間に巡り会えないと悩んでいる人もいます。けれども、無理にいい関係を作ろうと頑張る必要はありません。仲良くなろうとしても、その後ずっと気を遣うような関係だったらしんどくなるでしょう。

毎日が実験だと思って行動していれば、自然と気の合う人が見つかるはずです。たとえば喫煙者なら喫煙所、飲みに行くのが好きな人なら近所の飲み屋など、そこで会った人に話しかけてみるだとか。何かのオタクなら好きなものの共通点があったら自然と仲良くなるでしょう。

気軽な交友関係を作るためには、いろいろなところに顔を出してみることです。月曜日はスポーツクラブ、火曜日はお花、水曜日はボランティア、木曜日はこれこれと、いろいろなところに顔を出していれば、どこかで話の合う人が見つかるでしょう。女性は行動的にいろいろなところに顔を出してみることがうまい人が多いのですが、男性もとにかく行動してみることです。

なんの趣味もなくて困ったという人もいますが、難しく考える必要はありません。嫌じゃないなら、なんでもいいから一度やってみる、試しに始めてみるくらいの軽い気持ちでいいのです。思わぬ楽しさに目覚めるかもしれませんし、面白くないと思ったらすぐにやめればいいだけの話です。始めたからには続けなくてはいけないと考える必要も、我々の世代には全くありません。今まで触れることのなかった社会と関わるいい経験だと思って、どんどん飛び込んでみたいものです。

楽しければ続ける、嫌ならやめる。気が乗らなければ行かなくていい。そんなふうにゆるく考えて、新しい生活を楽しみましょう。

誰とつきあっちゃいけないとか、人の言うことは守らなくちゃいけないとか、自分で自分にそんな縛りを作る必要もありません。法に触れさえしなければ基本何をしたってOKくらいの気持ちで自由に行動すればいいのです。

高齢者も悪くないと思える未来へ私たちができること

現在、日本の家計金融資産は、60歳以上の保有比率が6割を超えています。高齢者が預金をしてお金を溜め込むのが問題だとよく言われますが、自分たちが魅力的だと思うものがあればお金を使うようになる人は多いと思うのです。

でも、そんなものが出てくるのを待っているだけではいつになるかわかりません。これからの高齢者は、もっと声を上げたほうがいいのではないかと私は思います。

そして、これから高齢者への道を歩む私たちの世代も積極的に声を上げて、自分たちが高齢者になったときに望むものを世に出してほしいとアピールしてもいいのではないでしょうか。

市役所などの自治体にクレームをつけて怒鳴り込む高齢者もいるようですが、そんなところで怒っていても建設的ではないと誰もがわかるでしょう。どうせ怒るなら、「建設的に怒ろう」と言いたいのです。

それを正しく行えるのがたとえば株主総会です。そこで建設的な怒りを披露するのは意味のあることだと思えるのです。

政治に対して不満を募らせていつも怒っている人はいますが、それをぶつける場はなかなかありません。その点、株主総会は、今の日本で建設的な怒りを正当に発散することのできる場ではないかと思うのです。

ですから、企業の株式を買って、株主総会で「なぜ高齢者向けの商品を出さないのか」と社長に詰め寄るのもひとつの策ではないでしょうか。

そして、高齢者に向けてこういうものを出してほしい、こういうサービスが欲しいところに目を向けさせ、我々消費者の生の声をわかってもらえるようにすればいいのではないでしょうか。

高齢者が元気で楽しく生きられる社会が実現するよう、近い将来、高齢者となる私たちが意識を高め、今から行動すればいいと思うのです。

10年後、20年後に自分たちが高齢者となったとき、若い世代から「高齢者になるのも悪くないな」と思われるような時代が来ればいいとは思いませんか。

あとがき

いろいろと年をとってからのゆるく生きるやり方や、そのメリットを書いてきました。

これで、ゆるく生きる気になったとか、少し気が楽になったという方がいらっしゃれば、著者として幸甚この上ありません。

ただ、一方で、言うことはわかるけど、ちょっと無理かなと思われた方もいるでしょう。

これまで真面目に生きてきて、自分に厳しい人ほど、ゆるく生きると言われた際に、なんでもかんでも著者の言う通りにしないといけない、こっちが正しい生き方だから全部やらないといけないと思うような気がします。
そこをゆるく考えて、ひとつでもできれば、前よりちょっとゆるいからいいやと
ぜひ考えてほしいのです。
試してみて、少しでも楽になれば次を試す気になるかもしれません。
適当なやつとかいうと悪い意味で使われることが多いですが、本来、ちょうどよ
いとか、ほどよいという意味で使うものです。
私は、このほどよいという言葉が好きです。
英語だとgood enoughとでもいうのでしょうか、perfectでないが十分よいとい
う意味です。
精神分析の世界では、母親というのはperfectを目指すよりgood enoughでいい
し、そのほうが子どももメンタルが健康に育つとされています。
私も受験指導するうえで、楽できるところは楽していいけど、手を抜きすぎて合
格最低点をクリアできないともう1年浪人することになるよと指導してきました。

ただ、クソ真面目な人にとっては手抜きとか、テキトーと思うくらいがちょうどいい人が多いのは事実です。

今より、ちょっとゆるくやれればいい。年に応じてゆるくなれればいいくらいに気楽に考えてゆるく生きてもらえれば、私から見たらgood enoughだし、よい年のとり方をするのだと信じています。

末筆になりますが、本書の編集の労を取ってくださった河出書房新社の太田美穂さんと、構成して頂いた嵯峨崎文香さんにはこの場を借りて深謝いたします。

2023年11月

和田秀樹

河出新書 071

ゆるく生《い》きれば楽《らく》になる

60歳《さい》からのテキトー生活《せいかつ》

二〇二四年一月二〇日　初版印刷
二〇二四年一月三〇日　初版発行

著者　和田《わだ》秀樹《ひでき》
発行者　小野寺優
発行所　株式会社河出書房新社
〒一五一-〇〇五一　東京都渋谷区千駄ヶ谷二-三二-二
電話　〇三-三四〇四-一二〇一［営業］／〇三-三四〇四-八六一一［編集］
https://www.kawade.co.jp/

マーク　tupera tupera
装幀　木庭貴信（オクターヴ）
印刷・製本　中央精版印刷株式会社

Printed in Japan　ISBN978-4-309-63173-8

クローズアップ藝大

国谷裕子＋東京藝術大学

東京藝術大学に潜む「芸術家＆専門家」に国谷裕子がクローズアップ！ 閉塞した現代を切り拓く最後の鍵＝芸術の無限の可能性に迫る。

031

一日一考 日本の政治

原武史

一日一つ、全366人の文章を選び、その言葉が日本の政治にとってどんな意味を持つか、いまの体制とどう繋がっているかを考える。

032

挑発する少女小説

斎藤美奈子

赤毛のアン、若草物語、小公女……大人になって読む少女小説は新たな発見に満ちている。あの名作にはいったい何が書かれていたか？

033

シン・エヴァンゲリオン論

藤田直哉

テレビ版放送開始から26年、完結を迎えた大ヒット作品『エヴァンゲリオン』を詳細に読み解く。新たな戦後日本精神文化史の誕生。

034

教えから学びへ
教育にとって一番大切なこと

汐見稔幸

どうすれば「みずから学ぶ」環境はつくれるのか？ 教え方ではなく、子どもの学びの深め方からいま必要な教育の本質を考える。

035

河出新書

検証 コロナと五輪
変われぬ日本の失敗連鎖
吉見俊哉［編著］

1年延期の末に開催された東京五輪をめぐって何が起こっていたか。社会的・政治的動向と国内外のメディア上の言説を分析・検証する。

041

やわらかい知性
坂東眞理子

やわらかい知性とは自分の経験や知識に固執せず、他者の価値観を受入れる心の在り方。今という時代をおおらかに生きる、極上の流儀！

042

この30年の小説、ぜんぶ
読んでしゃべって社会が見えた
高橋源一郎
斎藤美奈子

2011年から令和まで、計6回おこなわれた本をめぐる対談から、日本社会が浮かび上がる。前人未到の読書案内。

043

ミャンマー金融道
ゼロから「信用」をつくった日本人銀行員の3105日
泉賢一

47歳でミャンマーに赴任した日本人銀行員が、金融制度のない現地で、たった一人で自ら動いて法整備を進め、現地銀行のCOOになるまで。

044

鎌倉殿と13人の合議制
本郷和人

源頼朝亡き後、頼家の代に導入された「13人の合議制」とは何だったのか。鎌倉幕府の本質と北条時代への移行期の真相に迫る。

045

河出新書

不機嫌のトリセツ　黒川伊保子

コロナ禍でギスギス、家族間のイライラ、職場でモヤモヤ……。史上最悪の不機嫌の時代、到来！　著者集大成の「不機嫌退散レシピ」！

028

恋のトリセツ　黒川伊保子

ベストセラー「トリセツ」シリーズ最新刊！　男女の脳の違いを研究してきた著者が、大人の恋に正面から向き合う。恋の楽しみ方、満載！

051

マンガ猥褻考　黒鉄ヒロシ

天才漫画家が古今東西の絵画、小説、映画、哲学、博物学などを縦横に取り上げながら「猥褻とは何か？」を考察。全編描き下ろし漫画。

052

ウクライナ現代史　A・グージョン　鳥取絹子［訳］

ロシアの侵攻で甚大な被害を受けたウクライナ。人種・言語・宗教、政治思想や多くの歴史的事件を網羅して特異な国の本質を明かす。

053

ルポ自殺
生きづらさの先にあるのか　渋井哲也

自殺者3万人時代、ネット心中、若者・女性の自殺、理由なき自殺……長年取材してきた著者が迫る、この国の「生きづらさ」の真実。

054

河出新書

旧約聖書がわかる本
〈対話〉でひもとくその世界

並木浩一
奥泉光

旧約聖書とはどんな書物なのだろうか。小説のように自由で、思想書のように挑発的なその本質をつかみ出す〈対話〉による入門。

055

コミカライズ魂
『仮面ライダー』に始まる児童マンガ史

すがやみつる

『仮面ライダー』に始まり、いまも熱く語り継がれる1970年代を中心としたコミカライズ作品。時代の実作者が語る自伝的マンガ史。

056

徳川家康という人

本郷和人

徳川家康とはどんな人物か？　その生きざま、家臣団、軍事、政治・経済、外交……東京大学史料編纂所教授が重要ポイントを徹底解説。

057

『歎異抄』入門
無宗教からひもとく

阿満利麿

底知れない不安、絶望。その苦しみを煩悩の身のままで乗り越えていく手掛かりが、ここにある。逆説に満ちた親鸞の教えの核心に迫る！

058

50歳からの性教育

村瀬幸浩ほか

ジェンダー平等、性的同意、LGBTQ。多様化の時代に必要なのは知識と倫理感のアップデート。専門家たちが語る性教育学び直し。

059

河出新書